忍不住想看的历史冷知识

赵珮宏 著

長江出版傳媒 | 长江文艺出版社

图书在版编目（CIP）数据

忍不住想看的历史冷知识/赵珮宏著. —— 武汉：长江文艺出版社，2022.5（2022.7 重印）
ISBN 978-7-5702-2639-9

Ⅰ. ①忍… Ⅱ. ①赵… Ⅲ. ①散文集－中国－当代
Ⅳ. ① I267

中国版本图书馆 CIP 数据核字 (2022) 第 051936 号

忍不住想看的历史冷知识
RENBUZHU XIANGKAN DE LISHI LENGZHISHI

策　　划：丁　旭　　　　责任编辑：栾　喜
责任校对：赵瑶丹　　　　封面设计：果　丹
责任印制：郝　旺

出版：长江出版传媒 | 长江文艺出版社
地址：武汉市雄楚大街 268 号　　　　邮编：430070
发行：长江文艺出版社
北京时代华语国际传媒股份有限公司（电话：010-63780250）
http：//www.cjlap.com
印刷：唐山富达印务有限公司

开本：880 毫米 ×1230 毫米　1/32　　　　印张：8.75
版次：2022 年 5 月第 1 版　　　　2022 年 7 月第 2 次印刷
字数：135 千字

定价：52.00 元

目录

卷一 吃

卷二 喝

卷三 玩乐

卷一

吃

第一章　古代没有外卖？NO！

壹

假日的中午，风和日丽，蝉鸣起伏。作为二十一世纪新时代的人，只要动动手指就可以叫来一大堆外卖，从主食配菜到甜点饮料，我们想要的，几乎都可以通过智能手机买到。

当然了，外卖的出现并不只是因为一个“懒”字。工作繁忙、学习紧张，都是引发外卖这一大需求的关键点。经济学上讲，有人的地方就有需求，有需求的地方就有供给。所以，外卖的发展可以说是有迹可循。外卖可不只是现代社会的产物，在很久很久以前的中国古代，就有了外卖的文化。

不过，古代人没有手机，大家都是怎么点外卖的呢？

在几千年前，虽然没有手机这种东西，但是有“人”啊！大家肯定都在电视剧里看过，有钱人家都会有一些侍女、守卫等人，随时恭候着主人的命令。

这么看，问题就容易解决了。老爷夫人或少爷小姐想吃哪一家店了，只要派一个下人去店里买了带回来就可以了。这种情况下，店铺只是负责“打包食品”，而自家的家丁则兼职担任了“外卖小哥”的角色。如果下人往返的速度很快，或者没有让菜的摆盘走样，府邸的主人一般是会给一些打赏的，相当于现今社会的“小费”。

有的时候，外卖还包括“配送”和“货到付款”一条龙服务。这种服务，一般用于那些比较费时间的菜肴。比如，府上的千金作为一位精致的女孩，可以吩咐下人去店里点菜。等菜肴精心制作完成之后，由餐馆的小二亲自配送。如果是熟客了，小二就不用等着客人用餐之后把饭盒取走，因为府里的下人会在主人用完餐之后送还饭盒。

还有些时候，外卖是“限量版”发售的。这种情况下，店小二会拿着今日的“主厨菜单”，去几条街挨家敲门，把需要外卖的人和地址都记录下来，再回去做好了派送。这个就好比我们现在微信里的一些私家小厨，都是需要提前预订的。

同时，一些餐馆的店小二会提前把外卖装到饭盒里，拎着一堆盒饭在街上卖。他们的目标人群，一般是一些在赌场玩上瘾的人，还有那些在花柳场所流连忘返的公子哥。这些人经常玩得乐不思蜀，连饭都不想出去吃，很多餐馆便见缝插针，找到了挣钱的新渠道。

简而言之，古代外卖的形式可真的是五花八门啊！

外卖这一大行业随着人们对美食的渴望，一直发展到宋朝时期，达到了巅峰。众所周知的北宋风俗画《清明上河图》，里面描绘着百姓安居乐业的景象，其中有不少外卖小哥穿梭在人群中，行色匆匆。

可以说，宋朝是中华美食历史上的一大转折点，因为我们如今的“三餐制度”，就是从宋朝开始的。在那之前，天子一日四餐，诸侯一日三餐，平民一日只能两餐。所以宋朝的“吃货”文化，完美地掀起了“外卖”的潮流。

杜甫在《丽人行》里曾如此描写大唐盛世：“紫驼之峰出翠釜，水精之盘行素鳞。”而宋朝一改先前的奢侈作风，菜系更像是融合了中国千年饮食文化的结晶，可谓是八大菜系（川菜、鲁菜、粤菜、苏菜、浙菜、闽菜、湘菜和徽菜）的大汇总，有不少菜谱流传至今。其中，还有一些素菜的制作手艺，例如《山家清供》里曾写，可以用葫芦和面筋制作成素煎肉，和花椒、葱还有料酒一起翻炒，味道和肉非常像。

同时，宋朝不仅注重食物的味道，更专注于菜肴的颜值。在宋朝御宴就记载了一些“看菜”或者“看食”，目的是用精细的摆盘和颜色搭配来提高顾客的胃口。比如，“绣花高饤一行八果垒”是将八种水果（香圆、真柑、石榴、枨子、鹅梨、乳梨、榠楂、花木瓜）放在各种名贵的盘子中，只为养眼。百姓喜欢的“雕花蜜煎”，考验的则是厨师的雕工。

宋朝的外卖，有千百种。只有你想不到的，没有你买不到的。主食，比如面食、米饭，还有米粥，各式炒菜，以及各类甜点糕点，样样俱全。郑樵《通志·艺文略》中的《食经》里，就有三百余卷关于两宋美食的记载。

至于外卖这项服务的目标群体，不仅是普通老百姓，还有达官贵人，乃至天子皇帝，对外卖也是爱不释手的，经常一买就买很多，摆在家里来宴请宾客。比如宋朝的孝宗皇帝，就特别喜欢让手下去皇宫外买外卖捎回来吃。是啊，每天在宫里吃着山珍海味，也挺没意思的。偶尔也要换换口味，尝尝小吃、甜品什么的。

长夜漫漫，无心睡眠……
是，好的，
好的。
喵～喵～喵～
终于到了！
皇上，你怎么又点外卖，是臣做的饭不好吃吗？
外卖
臣给皇上准备夜宵！
朕的外卖！
什么东西？
地址：皇宫
时间：立即送达
华北美食　商家配送
李婆杂菜羹
贺四酪面
戈家桂花糕
配送费：一文钱
支付方式：货到付款
备注：到了不要敲门，猫叫三声为号

贰

《东京梦华录》和《梦粱录》收录的数百家酒楼和小吃店，几乎都提供外卖的服务。而宋朝的时候，大多数的“酒店多点灯烛沽卖，每分不过二十文，并粥饭点心，亦开或有卖洗面水，煎点汤药者，直至天明”。

《武林旧事》和《梦粱录》记载了很多家临安“网红店”，其中有很多夜宵一直卖到天明，而朱雀门外的夜市，也是每日营业到三更半夜。所以宋代的夜生活，可以说是丰富多彩！

因为吃货扎堆，外卖的生意蒸蒸日上。看到市场前景这么好，各种餐馆商铺也闻风而上。竞争压力一大，大家都得想出新奇的饮食广告来招揽生意。

除了用精美的餐具或者制作出好吃的美味佳肴之外，古代的市场营销手段也是一流的。和我们现在的饭店一样，古代的酒楼也喜欢打广告，逢年过节还来个节日促销，比如七夕节买一赠一这种活动，明目张胆地刺激着“单身狗”。

虽然千年之前没有电视广告，但是我们有行走的代言人啊！古代流行的是什么？吟诗作赋！所以曾经的那些诗人文豪就好比是如今的男团女团一样，人家可是有一大帮粉丝后援团。

因此，市坊间的酒楼争先恐后地邀请这些诗人文豪来做代言。当然，酒楼自然是要给“代言费”的，而有的时候，千金也难买一次代言的机会。

北宋时期有七十二个著名酒楼，这些“网红店”堪比北京三里屯的网红潮店，好不容易排队进去吃个菜，都有和名人偶遇的机会。比如《水浒传》里的宋江，就是“网红店”的常客。

所以说，能去得起这些“网红店”的古代人，就好比现代穿着潮牌的那些男女老少，可以称其为行走在时尚最前端的人。

至于“网红店”在宋代会如此火爆的原因，装修是其中一个很大的因素。现代的“网红店”会用一些精致的器皿或者放一些可爱的玩偶等。

宋代“网红店”的装潢，也是别出心裁。亭台楼阁，假山溪水，包括降温水盆和取暖火炉，样样齐全，保证每次的体验没有重样的。

宋代的七十二酒楼，就好比现代的五星级酒店，不管是服务还是菜品都是一流的。

东京御街上的白樊楼，作为七十二酒楼之首，可以说是一家顶级“网红店”了。在当时，被传为是宋徽宗和歌姬李师师私会的场所。“三层相高，五楼相向，各有飞桥栏槛，明暗相通，珠帘绣额，灯烛晃耀。”《东京梦华录》描写白樊楼的场景栩栩如生，眼前仿佛浮现出那朱门绿瓦、雕阑绣窗的景象，灯火通明，美不胜收。

“梁园歌舞足风流，美酒如刀解断愁。忆得少年多乐事，夜深灯火上樊楼。”刘子翚在《汴京纪事二十首》中的诗句也描写了白樊楼的美。东京的“网红店”，不仅仅是为了吃，更是一种体验。在这里，连酒杯菜碟都是金银制作的。歌舞升平，通宵达旦，“网红店”的崛起可以说是见证了中国历史的辉煌。

因为这些大酒楼提供的服务是如此奢侈豪华，来消费的人地位也极为尊贵，所以酒楼并不屑于接一些小的外卖单子。

古代的酒楼被称为“正店”，一般只会接一些大单子。比如哪个有名的商人过生日了，想要办个生日派对，或者是一些朝廷官员、皇亲国戚的聚会宴席。因而，如果只是平常百姓家想要凑个几桌菜，很可能会被酒楼拒绝。

《都城纪胜》中有记载到，有大生意来的时候，四司六局（宋代官府贵家设四司六局，为盛大宴会供役。四司指帐设司、厨司、茶酒司、台盘司，六局指果子局、蜜煎局、菜蔬局、油烛局、香药局、排办局）还承包了宴会假赁（租借）的一条龙服务，从锅碗瓢盆、器皿盘子的租赁，到酒菜的准备，还有座位安排、会场布置等等，可以说是非常贴心了。

“卖贵细下酒，迎接中贵饮食”，说的就是另外一种酒楼：脚店。脚店是一些特色经营店，等于现在的中等餐厅，面对的顾客也是中等收入的家庭。他们接受普通外卖的订单，只不过有的时候会推出一些固定套餐，为了给顾客推销更多的种类搭配。

北宋时期汴京产的酒分为官酿、坊酿、家酿三大种类：一种是官府酿造的，一种是民营酒坊酿造的，还有一种是乡村以及官宦之家自己酿制的。当时的酒楼不仅卖酒，还卖食品，只不过脚店是没有资格自己来酿酒的，所以只能从正店批发，通过差价来挣钱。

这些脚店是不是和现在的商家非常相似呢？脚店在午餐时间会推出午餐菜单，而早餐和晚餐则会有一些别样的搭配。这样，既满足了顾客的需求，还加大了每一笔订单的销售额。虽然看上去套餐价格更加实惠，其实店家在其中也拿了不少利润！

在没有套餐的情况下，脚店则会采取“起送价”的外卖模式。比如某个府邸的小姐只想买饭后甜品黑芝麻汤圆，那么脚店商家会觉得这一笔外卖单子接得很不值，毕竟同样的人力劳动成本，只换来了几个黑芝麻汤圆所带来的利润，有这点儿工夫，伙计还不如留在店里多接待几个顾客呢。

因此，古代的餐馆和当今饭店同样采取了“起送价”的营销手段，节约劳动成本，同时保持稳定的收入。

我们说完了大酒楼和餐馆，现在来说那种街边的餐饮铺子。这些类似于大排档的小饭馆一般门脸很小，环境卫生一般，但是可能做出来的菜肴口味特别地道纯正，而且在此工作的老板和伙计都比较朴实。

这些比脚店还要小的小餐馆，被称为分荣，可以说是逢单就送，随叫随到，非常方便。除了门店较小之外，有些分荣甚至连桌椅都没有，只接受外卖的单子。

这些专门经营外送的分荣，会提前根据客户的需求或者厨师的喜好，每日做出不同的盒饭搭配放到饭盒里。他们就像现在专门给公司送盒饭，或者跟学校食堂合作准备午餐便当的公司一样，采取“公司和公司”合作的经营模式，靠订单量和批发价取胜。

看完了这些，是不是发现宋代的生活和现代几乎别无二致？那时有名士皇族都追捧的“网红店”，也有亲民的餐馆和外卖专门店。如果说有一天真的可以时光倒流回到宋代，相信我们一定能红尘做伴，吃遍大江南北。

问答时分

问：宋代外卖吃什么？

答：肥羊、灌浆馒头、薄皮春卷包子、肉包子、鱼兜杂合粉、灌大骨、集脆羹、三脆羹、双脆羹酿腰子、荔枝腰子、鸡脆丝、笋鸡鹅、柰香新法鸡、酒蒸鸡、五味鸡、鹅粉、五味杏酪鹅、间笋蒸鹅、鹅排吹羊大骨、蒸软羊、鼎煮羊、五味杏酪羊、千里羊、羊杂、羊头元鱼、羊蹄笋、细抹羊生脍、细点羊头、三色肚丝羹、银丝肚、三色团圆粉、撺香螺、酒烧香螺、香螺脍、江瑶清羹、酒烧江瑶、生烧酒蛎、姜酒决明、五羹决明、三陈羹决明、签决明、姜燥子赤鱼、鱼鳔二色脍、海鲜脍、鲈鱼脍、群鲜脍、燥子沙鱼丝儿、清供沙鱼拂儿、清汁鳗鳔、抹肉笋签、酥骨鱼、酿鱼、两熟鲫鱼、酒蒸石首、酒吹鱼、春鱼、油炸春鱼、石首玉叶羹、石首鳝生、撺鲈鱼清羹、假清羹、鱼肚儿羹、酒法白虾、紫苏虾、水荷虾儿、虾玉辣羹、虾蒸假奶、查虾鱼、水龙虾鱼、麻饮鸡虾粉、芥辣虾、蹄脍、小鸡元鱼羹、假炙江瑶肚尖、炸肚山药、八糙鹌子、蜜炙鹌子、辣野味、清供野味、野味鸭盘兔糊、清撺鹿肉、醋赤蟹、签糊齑蟹、枨醋洗手蟹、枨酿蟹、五味酒酱蟹、酒泼蟹、生蚶子、炸肚燥子蚶、枨醋蚶、五辣醋蚶子、蚶子明芽肚、蚶子脍、酒烧蚶子、蚶子辣羹、酒鲜蛤、蛤蜊淡菜、淡菜脍、改汁辣淡菜、米脯鲜蛤、米脯淡菜、米脯风鳗、米脯羊、米脯鸠子、鲜蛤、假蛤蜊肉、荤素水龙白鱼、水龙江鱼、八糙鹅鸭、马院醍醐、乳酪、韵果、蜜姜豉、十色糖、麝香豆沙团子……

叁

宋代“网红店”分三六九等，因为时代的变迁和经济的发展，店与店的竞争也是如火如荼，因而没有一点儿市场营销手段，是很难在这么多家美食餐饮铺子中幸存下来的。

正店以奢华的布置和细腻的服务吸引多金的客人，脚店则以亲民的价格和良好的用餐体验抓住了大部分老百姓的心，而分荣店物美价廉，外卖送货迅速，还会和企业、学校合作订单，因而也是独树一帜。

不过“网红”大酒楼可以花重金请来文人诗客创作笔墨字画，那小店老板就一点儿也没有机会了吗？也不全然。

比如有一名卖环饼的老妇人，就成功地用自己的手艺打动了唐宋八大家之一的豪放派代表——苏轼。

环饼又名千层饼或者空心饼，用泉水、鸡蛋和面，加以酥油和精盐后卷起揉捏，后放入油锅中炸至金黄，香甜酥脆。

想当年，在苏轼被贬官到海南儋州时，遇到了这名卖饼的老妇人。她做了一辈子的饼，虽然有一些回头客，但是由于店铺位置偏远，所以生意一直比较冷淡。

她听说苏轼被贬之后，特意请他过来尝尝自己的手艺。苏轼一吃，觉得味道还真不错，加上看到老妇生活贫苦艰难，就送了她两句诗："纤手搓来玉色匀，碧油煎出嫩黄深。夜来春睡知轻重，压扁佳人缠臂金。"

环饼如美玉，剔透嫩黄的模样在酥油里吱吱直响，仿佛是佳人怀里揽着金钗的模样。此情此景，只用了仅仅二十八个字便可跃然纸上，将那环饼的模样和制作过程绘声绘色地描写出来。

老妇人见状，顿时感激万分。她将这首诗高高地挂在自己的门帘之上，不出十日，便有无数顾客闻声前来。大家口口相传，这家店最后竟成了一家知名的"网红店"。而环饼也被后人亲切地称为"东坡饼"。

宋代庄绰的《鸡肋编》记载，并不是每家小店都有机会得到像苏轼这样的大文豪光顾的，因而其他脚店或者分荣小店则会打一些具有自家特色的招牌，体现出他们在行业里"经验丰富、值得信赖"。

屈原的《楚辞》中，曾用“粔籹（jù nǚ ）蜜饵，有怅餭（zhāng huáng）些”形容馓子。其实，馓子和环饼很像，都是油炸食品，只不过馓子的层次更加丰富，有如细版的麻花。这两种食物的制作工艺也非常相似，都是以面粉和盐制作而成，在表面涂上油之后在手上来回缠绕拉伸，最终变成一条一条的形状。用酥油炸至焦黄之后，酥脆可口，色彩鲜艳。

自春秋战国之后，寒食节禁火时，大家食用的“寒具”就是我们这里说的馓子了，当时是为了纪念晋国义士介子推，才推出了这样一种食品。而馓子在冬天可以保存很长时间，因而一直流传至今。

宋代的“网红店”在寒食节将近之时，争相制作馓子。由于竞争者过多，在《鸡肋编》中记载着小贩因完不成老板交给他的任务，不得不上街去推销他们家的馓子。

小贩想出了一个别出心裁的叫卖手法：他把单子放在地上，长声喟叹“亏便亏我也！”街上的老百姓看见了，纷纷好奇地围了过去。一问才知道，原来是因为这馓子卖得便宜，这外卖小哥觉得自己吃亏挣不到钱啦！

如此推销，引得不少围观百姓买几个馓子回去。小哥觉得这法子有用，因而走到哪里都这么叫卖，在废皇后孟氏的瑶华宫前，也声声叹息着“亏便亏我也！”

这下可好，小哥一个无心之举，最后竟卷入了政治斗争，让府邸衙门觉得他是在变相讽刺皇帝废后一举，以为他是受了他人指使，抓去打了一百大板才放出来。自此，他再也不敢用之前的吆喝来推销自己的产品了。

由此可见，大大小小的“网红店”争奇斗艳，各出奇招来给自己的产品打广告，可以说是为我国的美食历史增添上了亮丽的一笔。

【本章参考文献】

《宋史》《清异录》《山家清供》《东京梦华录》《武林旧事》《都城纪胜》《梦粱录》《鸡肋编》《水浒传》《楚辞》

您好，我想要采访一下，在古代外卖都是怎么送的呀？
我们一般是跑着送。
能具体说说吗？
古代送外卖同样会按照区域划分，我会攒着订单一起派送。
店家
最新记录 半个时辰
买家
攒订单偶尔会导致派送超时，这种时候拿到的赏钱也会少很多。
跑着送，饭菜凉了怎么办？
古代送外卖的餐具也很讲究！温盘的夹层可以放热水为食物保温，食盒有很多层，都可以放食物。
荀彧
我懂了！
食盒除了盛放食物，对皇家来说还有赏赐和赐死的意思。
春光杯第一届趣味运动会
我是这条街跑得最快，懂得最多的外卖小哥，请给我多多打赏哦！
加油！

第二章 甜品来一打

壹

提到甜品，人们可能想起来的是蛋糕、仙草或者芒果西米露一类的。其实，鲜花也是甜品的配方之一，例如桂花酒酿小圆子、玫瑰花酥饼、清炒栀子花等等。

花朵不仅好看，还具有医疗价值。《本草纲目》上记载月季汤还可以治疗创伤肿痛。《饮馔服食笺》上面也有关于茉莉花的奇特做法，和豆腐一起熬制，通气凝神，清香宜人。除此之外，紫藤花制作而成的“藤萝饼”也是著名糕点之一。《燕京岁时记》里写到，把紫藤花的花瓣研制成蜜饯之后放在糖面和制而成的饼里，用炉火烤成酥饼。后人又对其做了一些改良，加入核桃、葡萄干、山楂，美容养颜，富含维生素，可以说是当代“仙女”们的必备甜品了。

上面提到的这些甜品，都是又好吃又好看，接下来要介绍的这类用鲜花做的小食，可能就不那么雅致了。我们先来看两句诗：

未忍污泥沙，牛酥煎落蕊。

明日春阴花未老，故应未忍着酥煎。

猜到这是哪种花了吗？第一句出自《雨中看牡丹三首》，第二句出自《雨中明庆赏牡丹》。若是把“未忍污泥沙，牛酥煎落蕊”翻译成现代文，大概就是“不忍花枯萎，落花煎炸吃了”。

这两首诗都是大名鼎鼎的“吃货”苏轼所作。而这道菜，便是著名的“东坡炸牡丹”。诗中所用的“牛酥”，则是用奶皮煎制而成的酥油，很像国外烹饪时所用的黄油。

想当年，苏轼被发配到全国多地，为了弥补受伤的心灵，吃遍当地美食，顺便给相中的美食命个名，例如“东坡肘子”“东坡肉盖饭”“东坡烧卖”等六十多道菜。时至今日，人们在饭馆里仿佛还能看到当年东坡才子风卷残云的身影。

作为无数菜品的命名人，苏轼将“油炸牡丹”的做法用诗句描绘得栩栩如生，尤其是那句“牛酥煎落蕊”，生动地描绘出艳丽的牡丹花瓣被撕扯和油煎的景象，伴随着阵阵热气和滚烫的气泡，带着一点儿如梦如幻的浪漫。

我们的苏东坡先生，其实并不是这道菜的创始人。宋人祝穆的《古今事文类聚》中曾提到《复斋漫录》关于“酥煎牡丹”的记载。孟蜀时，兵部尚书李昊每将牡丹花数枝分遗朋友，以兴平酥同赠，且曰：“候花凋谢，即以酥煎，食之，无弃秾艳。”其风流贵重如此。

原来，早在五代十国之时，人与人之间就有了互赠“油炸牡丹”的习惯，好比在现代社会，好友聚餐约个烧烤。只不过当时文人雅士非常懂情调，撸的串都是花做的。

南宋时期吴曾的《能改斋漫录》中曾引用到邱濬的《牡丹荣辱志》，其中“花屯难”中，有一道酥炸牡丹的吃法，“酥煎了下麦饭”，将酥油炸了牡丹之后，当咸菜拌饭吃。对于一些风雅人士而言，这好比是鲜花插在了牛粪上，有些无法接受。只是在宋代，酥煎牡丹拌饭香，再来两壶小酒，确实是古人享受生活的美味。当然，牡丹还有其他的做法，比如唐朝时期盛行的甜点，把牡丹和其他花的花瓣做成晶莹剔透的百花糕。

林洪《山家清供》中提到，南宋吴太后就喜欢这酥炸牡丹。其实，被煎炸的花朵可不只有牡丹，“薝（zhān）卜煎”是用栀子花瓣和甘草水面糊煎炸而成，味道也很清香爽口。

到了明清年间，炸花片成了流行的小吃，王世贞的《弇山园记》里就有炸玉兰的记载。弇山堂前“左右各植玉兰五株，花时交映如雪山琼岛，采而入煎”。将那新鲜的玉兰花花瓣炸成薯片一样的薄片，味道“芳脆激齿”。玉兰花瓣的油炸工艺也在清代著名食谱《调鼎集》中提到过，分为面拖、油炸和加糖三个步骤。除此之外，玉簪花、荷花、芍药花都可以油炸来吃。可以说只有你想不到的，没有古人炸不了的。

普通的花瓣都是用植物油煎炸，只有炸牡丹花片是用牛酥做的油。制作牛酥首先需要将牛奶煮到沸腾，然后取其奶皮，煎至出油。可想而知，用香喷喷的荤油炸的牡丹花片，味道应该就像今天的黄油慈姑片一样，多么酥脆可口、奶香醇厚啊。

北宋网络
巳时三刻
朋友圈
苏轼
今日有幸，得以同众友共享这酥炸牡丹
日升月潜，挚友不散。
一刻钟前
黄氏庭坚（学生黄庭坚）
徒儿好手艺！
四季如常（友人陈季常）
酥炸牡丹点赞，下回试试牡丹酒呀？
秦少到此一游（学生秦观）
东坡先生东坡肉，酥炸牡丹友人留

贰

说到甜食，最重要的就是糖了。这里我们来一起看看古代的点心和糖的由来。

《上元竹枝词》云：“桂花香馅裹胡桃，江米如珠井水淘。”要知道，甜品和下午茶可不仅仅在欧洲才有。咱们中国古代，下午加一顿餐也是极为常见的。毕竟甜点这种美食既然被发明出来了，就是给人享用的。除了先前介绍的油炸牡丹之外，古人的甜品选择非常丰富。

中国的饮茶文化可以追溯到几千年前，点心和茶，简直是最完美的搭配。徐珂曾在《清稗类钞》中提到过一些茶水可以“佐以酱干瓜子、小果碟、酥烧饼、春卷、水晶糕、花猪肉、烧卖、饺儿、糖油馒首”等。而江苏一带的人则会享用“苏式糕点”。苏式糕点又名“四季茶食”，以时令为引，包含“春饼、夏糕、秋酥、冬糖”，雅致美观。

朱彝尊的《食宪鸿秘》是雍正年间的一本全能食谱，提倡养生和饮食搭配，里面记载着五花八门的烹饪技巧，其中提到了中国式下午茶搭配的各式各样的点心，例如玫瑰火饼、椒盐饼、千层油旋烙饼、到口酥、素焦饼、芋饼、八珍糕、绿豆糕、栗糕等等。其中，有很多点心也是现代人的心头好，例如玫瑰酥，也被称为玫瑰火饼，千层酥皮薄而脆，和色彩艳丽的玫瑰纠缠在一起，入口留香。它的制作方法也不难，先将奶粉和温热的油调制成油酥，和面饼分数次折叠并擀开，再用玫瑰花和其他干果，如花生米和瓜子一类的，调制成馅料，像包包子一样包好即可，最终煎或烤制而成。

《清稗类钞》中提道："玫瑰花作馅：去玫瑰花橐蕊，并白色者，取纯紫花瓣，捣成膏，以白梅水浸少时，研细，细布绞去濇汁，加白糖，再研极匀，瓷器收贮，最香甜，可为点心之馅。"据说，这是每次康熙去承德避暑或狩猎之时，专享的甜品。

讲完点心，我们来说糖，糖是饮食中不可或缺的一部分。你知道吗？糖其实是一个"外来物种"呢！

最早甜食对于古人而言，可以说是一种奢侈品。大家都知道，人类的身体需要葡萄糖作为能量，因而从远古时期开始，大家都很珍惜带有甜味的东西，比如水果或蜂蜜。

中国和西欧都是没有糖这种东西的。根据季羡林先生的《糖史》记载，糖最早产于印度。季羡林赴德学习梵文过程中，发现各国语言中的"糖"（英文：sugar，德文：Zucker，法文：sucre，俄文：caxap），其实都起源于印度的梵文 sarkarā 。

因为这个原因，欧美学者相信印度是糖的起源地。

关于糖的起源，可追溯到敦煌藏经洞关于古印度造糖的佛经残卷。其实，中国在唐代之前就已经可以自制蔗糖了。只是和古时候的波斯帝国一样，糖在一开始是被当作一种药材，比如止咳糖浆就是用蔗糖熬制而成的。那个时候的糖价格不菲，因而没有用到三餐饮食之中。

西域的糖自汉代由丝绸之路流传到中国，被称为“石蜜”“西国石蜜”。当时在中国，主要是将甘蔗榨出汁之后，在阳光下暴晒成黏稠的蔗糖糖浆，这种糖浆被称为“蔗饧”，再用火煎煮，最终形成蔗糖块。因为其形状如同石头，吃起来又是甜的，就被称为“石蜜”，意思是又硬又甜的东西。

古印度的制糖方法可谓登峰造极，颜色和味道都远远超过了来自西域的糖。《唐会要》中说：“西蕃胡国出石蜜，中国贵之，太宗遣使至摩伽佗国取其法，命扬州煎蔗之汁。”《唐史》也评论道：“色味逾西域。”我国古代最优化的制糖技术，可以算是从古印度“进口”的，这里最重要的功臣便是大唐使臣王玄策了。

千年前的唐朝时期，中印交流密切，王玄策西行之路常有商旅往来，只是没有明确的相关史籍记载。中印之间连接之路最出名的，是《大唐西域记》中记载的唐玄奘取经之路，从长安、河西走廊、高昌到龟兹诸国、素叶城、康国，最终从安国到印度。

王玄策所撰的《中天竺国行记》一书主要记录了大唐使臣出使天竺（古印度）期间，古代印度社会各个层面的活动，如历史、神话传说、宗教和文化。不过，王玄策西行，主要走的是“南路”，同唐玄奘的“北路”截然不同，从长安经西藏，再至尼泊尔国到印度。

然而《中天竺国行记》遗失，只有部分残本记录在《法苑珠林》中，记载了王玄策几次出使天竺的所见所闻，以及天竺与大唐往来使臣互赠礼物的事迹，可见当时中印交流颇为频繁。

比如，唐贞观二十年（646年），天竺有使臣往来，“西国有五婆罗门来到京师，善能音乐，祝述杂戏”。而当唐太宗命王玄策远赴天竺时，当时天竺的国王也是十分好客，不仅举国欢迎，还组织了大会庆祝“使人已下各赠华氎（dié）十段，并食器。次申呈使献物龙珠等，具录大真珠八箱，象牙佛塔一，舍利宝塔一，佛印四，至于十月一日，寺主及余众僧饯送使人，西行五里”，“显庆四年，至婆栗阇国，王为汉人设五女戏，其五女传弄三刀，加至十刀，又作绳技，腾虚绳上，着履而掷手弄三仗循枪等，种种关伎，杂诸幻术，截舌抽肠等，不可具述”，各种表演杂耍令人眼花缭乱，好不热闹。

不过，虽然延绵不断的交往为中国与印度的贸易交流和宗教沟通开辟了新纪元，但中间还是少不了一些小插曲。

贞观二十一年（647 年），王玄策奉唐太宗之命，率领一众使臣再度前往天竺，不料遭遇天竺政变，国王西拉迪提亚被篡位，而王玄策等人也遭遇天竺军队偷袭。好不容易逃离之后，王玄策并没有直接返回大唐，而是北上赶往尼泊尔王国，为的是谈判和借兵。

这一行，王玄策等人历尽千辛万苦，穿越了甘地斯河及辛都斯坦平原，取得了尼泊尔的阿姆修瓦尔曼王的信任，最终借得七千骑兵。

带着借来的骑兵，王玄策重返天竺玛卡达国，向篡权之人宣战，以少数兵力最终打了一场胜仗，并将俘虏献于唐太宗，自此便有了“一人灭一国”的传说。而最重要的，他带了数十名制糖高手回到了长安，传授用“竹甑法”制作颜色浅黄而明亮的精砂粒糖，虽然颜色还不像现如今的白糖一样莹白剔透，却为如今的制糖奠定了重要的基础。

这几名制糖高手，还在唐朝教授了把甘蔗糖浆和牛乳相混合的方法，制糖业逐渐本土化、规模化，带动经济快速发展。

用红色的蔗糖糖浆，炼制成细腻如雪的白糖，是中国发明的技术。印度语称白糖为cīnī，意指“来自中国的”。明朝《天工开物》里曾提到过一种炼制白糖的方法，也被称为“黄泥水淋法”。可以将甘蔗糖浆制成纯净洁白的白砂糖。据说，这是当时质量最好的白糖，大大促进了中国的白糖出口贸易。

《闽书南产志》《广阳杂记》《兴化府志》中也提到过白糖的炼制方法，以及各种新的制糖方法和新产品。可见糖虽然最初来源于古印度。但白糖及其衍生的炼制方法，在中国发展迅猛，可谓“糖户之利，亦不逊岷山千亩芋，埒封君也”。一直到明末，中国的糖在东南亚和欧洲都十分畅销，在航海时代成了我国出口的重要商品之一，赚得盆满钵满。

叁

其实很多我们现在吃的甜品，已有久远的历史。《梦粱录》和《吴氏中馈录》中记录着各种古代甜品，从蜜饯糕点到酥皮点心，样样俱全。

元末明初，百姓饱受压迫，民不聊生，掀起了各种起义。其中最有名的，要属朱元璋带领的军队了。当时烽火遍地，马革裹尸，战士们四处征战，需要携带很多干粮。朱元璋的妻子马氏想出一个好主意，将小麦、冬瓜、坚果等和在一起，磨成粉后烤成饼，这也就是老婆饼的雏形。后来的人们在“军需老婆饼”基础上加了芝麻、蜂蜜、鸡蛋、糯米等其他配料，改良创新做出油酥皮，皮薄馅软，层次丰厚，养心健脾。

据说在清末之时，广州有一家老字号茶楼，有一名潮州师傅。一日，他把店里最受欢迎的点心带回家给老婆品尝，没想到他老婆居然很嫌弃，说这些点心还没有她娘家的冬瓜角好吃呢。而这冬瓜角，就是用冬瓜、糖、面粉和鸡蛋做的老婆饼，模样精致小巧，味道也确实香软甜糯，和朱元璋妻子马氏所做的有异曲同工之妙。这潮州点心师傅在品尝了冬瓜角之后，将其引进到茶楼，广受欢迎，因而有了后人的“老婆饼”之名。

和明太祖朱元璋相关的，还有糖人的由来。

《明实录》中记载，刘基，字伯温，是元末明初的军事家，也是明初诗文三大家之一。他自幼天赋异禀，上知天文下晓地理，曾被后人誉为“明朝诸葛亮”，一目十行，文笔超群，算是人中豪杰。他忠心辅佐朱元璋开创了明朝盛世，力保国泰民安，也曾被朱元璋称为“吾之子房也”，可见其重要性。

然而我们都知道，开国皇帝为了稳固自己的帝位，都会想办法除掉一些功臣，为了避免和自己一同奋战的同僚因为地位悬殊而产生异心。朱元璋本身就是领导农民起义起家的，心中的担忧和疑虑也是多了一些。在“家天下”的古代中国，没有什么比江山永固对皇帝更重要的了。所以对于朱元璋而言，绝对不允许功高盖主这件事，因此可怜了助他开创明朝盛世的一众功臣。他建造庆功楼，实则为了群杀功臣。

民间有火烧庆功楼的传说。当时的庆功楼地下，埋了很多火药和干柴。朱元璋假装喝醉，然后偷偷离开，在他离开的那一瞬间，点燃了庆功楼。大火烧得鬼烂神焦，数千名功臣、侍卫和宫女无一幸免，全部葬身火海。唯有刘伯温一人察觉了朱元璋的阴谋，所以在庆功宴上几乎没有怎么喝酒，而是暗中窥探着朱元璋的一举一动，最终跟着他离开了庆功楼。

还有一个传说，说刘伯温之前就发现了朱元璋想要效仿刘邦大开杀戒，设鸿门宴除去所有功臣，因而他提前提出了衣锦还乡的要求，说自己没有鸿鹄之志，心不在朝野。朱元璋假装挽留，却被婉言拒绝，见他是真心离去才答应他的请求，并赏赐了他金银财宝。刘伯温因而逃过一劫。

各种记载，半虚半实，也有后人流传，说这些都是清朝史籍为了诋毁朱元璋而杜撰出来的。不过我们能确定的是，刘伯温确实没有丧命于传说中的庆功楼。

相传，他在逃离之后被一名制作糖人的老人所救，后来隐姓埋名，每天挑着担子在大街小巷里卖糖人。将糖加热之后制作出各种形状，有花鸟鱼虫，还有关公等名人的模样，涂上颜色，可以边吃边玩，备受小朋友们的喜爱。

糖人制作者一般会挑着一个担子，一边放着加热的炉具，另一边则是工具和糖料。在节假日和庙会的时候，糖人是一种男女老少都爱买的小玩意儿。这门民间手艺分为三种：吹糖人、画糖人和塑糖人。吹糖人顾名思义，它从宋朝开始就有，也被称为“戏剧糖果”，主要用加热到一定程度的球形饴糖，边吹边捏，准确地做出各种造型，对制作者的手艺要求很高。而画糖人指的是用糖浆在刷过油的石板上淋出线条，“画”出不同饱满匀称的图案，从花鸟人物，到飞禽走兽，最终只需要粘上竹签凝结后再铲起来，就像今时今日的棒棒糖一样。只不过整个过程须一气呵成，千万不能断。因为一旦糖浆浇错了形状，可不能重来一遍！最后，塑糖人是需要用到模具的，同样需要制作者的技术行云流水，做出十八罗汉、楼阁宝塔等较为复杂的形状。

肆

巧克力的味道浓厚丝柔，醇香甜腻，在当今社会象征着爱情。你知道吗？考古学家曾在中美洲伯利兹发现的一个有两千多年历史的玛雅陶瓷瓶中，找到了可可的化学成分。对的，就是那个曾经预测出“世界末日”的玛雅民族，他们有着悠久的历史，以及和现代公历不一样的历法。

显而易见，可可曾是古代玛雅文明的核心食物之一，和玉米、蜂蜜、辣椒一同食用。后来，哥伦布登陆美洲之后，将巧克力带回欧洲，在西班牙、法国等国家进行改良，添加了香草、肉桂和坚果等配料，广泛流传至今。

明末清初时，中西方交往开始变得愈发密切。西方文化在我国大面积传播，从天文、数学、地理，到医学、音乐、建筑等学术沟通，影响颇广。康熙年间，很多西方的传教士远赴中国，同时带来了很多西方的食物，其中就包括了巧克力。当时巧克力被清朝人译为“绰科拉”，被误解成是一种可以饮用的褐色药品。的确，现代研究表明，巧克力中的黄烷醇对心脑血管的功能有好处，可以提高人的注意力、信息处理能力、记忆力和认知能力，尤其对于年纪较长的人功效更明显。黑巧克力中的多酚可以让人感到幸福，心情镇静。但是，可可碱却是巧克力中的有毒物质，容易过敏的脆弱体质还是不宜多食。

康熙是中国品尝巧克力的第一人。由于当时巧克力尚未盛行，朝廷官员为了保障身体安康，写了一封一千多字的“巧克力说明书”，生怕出什么岔子。康熙读完后，只是用简短的“朕已知”三个字回复。

康熙很相信西药。他曾经有一次感染了疟疾，加上重感冒，病卧龙榻，瑟瑟发抖，后来服用了传教士带来的西药金鸡纳（又名奎宁），才得以快速痊愈。不少传教士因为医学造诣炉火纯青而被聘请为御医，得到康熙的重用。

康熙四十五年（1706年），突遇酷暑，整个紫禁城热如蒸笼。和往年一样，康熙应当前往行宫避暑，但当时他中暑了。也是在这个时候，西方的传教士把巧克力推荐了过来，还兴致勃勃地介绍了各种巧克力的吃法。

据说，当时罗马教皇派使节多罗来到中国，照顾他每日起居的是武英殿负责人赫世亨。赫世亨心思细致，办事得力。当时传教士从西方千里迢迢运来的巧克力一共只有一百五十块左右，赫世亨特意精挑细选了五十块放在精致的柳条匣中，打造了一套白银摆盘器皿一同呈上。

毕竟是清朝，制作和保存巧克力的工艺，没有二十一世纪这么先进。因而康熙收到的，并不是一个爱心包装的巧克力套装，而是“半成品”。你可以将其理解为是今时今日我们冲泡的可可。

多罗曾说：“巧克力出自美洲和吕宋（菲律宾），共用八种原料配置。其中，肉桂、秦艽、砂糖三种原料在中国也有，但另外五种原料，中国不产。”当时的巧克力，是在玉泉水中加糖后煮着喝的，需要搅拌均匀，所以卖相很像中药。

康熙在看完“巧克力说明书”之后，确保巧克力是一种安全的“饮料”了，决定一试。只不过，巧克力是上火的，哪里有祛暑降温的功效？不知当时康熙在食用之后，是否在三伏天流鼻血。总而言之，当时更喜欢饮茶的康熙，把巧克力当作味道奇怪、又苦又涩的饮料。他自然就没再喝过了，巧克力也因此被列入了“黑名单”，并且他在赫世亨的奏折中留言：“言味甜苦属热”，“但未写有何效益，治何病。殊未尽善。着再询问”。

赫世亨看到康熙对巧克力很不满意的样子，连忙再书写了一封奏折回复：“绰科拉迪非药，在阿美利加地方用之如茶，一日饮一次或二次。老者、胃虚者、腹有寒气者、泻肚者、胃结食者，均应饮用，助胃消食，大有裨益；内热发烧者、劳（痨）病者、气喘者、痔疮流血者、下痢血水者、泻血者，概不可饮用。”

虽然赫世亨努力为巧克力辩白，解释其为健胃消食的饮品，而非降暑药材，但是饮料这种东西，中国可是有茶的，康熙哪里再需要巧克力？因而那五十块珍稀的巧克力就这样白白被浪费掉了。直到清朝末年，巧克力才在民间流传开来，曾风靡一时。

康熙日记

本人康熙，喜茶，不喜巧克力。

那年夏天，赤日炎炎，骄阳似火，暑气蒸人，在地上打个鸡蛋感觉都能变成荷包蛋。可惜没有空调，在避暑山庄里光靠宫娥手动扇风，真的非常不给力。

就算有亭台楼阁，湖光山色又怎么样？没有墨镜，晒得眼睛都要失明了。

朕不过是想要个避暑的良药，都说中药慢，西药快，中西结合疗效好。但这巧克力却偏偏性属热，喝起来还超级麻烦。泡个绿茶不香吗？真是不明白西方的传教士怎么没有好好地把我们中华民族的饮茶文化带过去。茶叶清热败火，解暑止渴。不像巧克力，又苦又涩，必须要混着糖水来煮，疗效极慢，喝多了还容易流鼻血。

伍

清朝时期，各种珍奇的甜品驰名天下，成为人们生活不可或缺的一部分。桂花糕、冰糖葫芦、凤梨酥、豆糕、杏仁豆腐等，古人的口福可真不浅啊！

康熙虽然不喜欢巧克力，但是每年巡游之时，总不忘将些许民间的甜点纳入宫廷甜点当中。一次南巡，康熙就将红豆松糕和西北重镇的豆腐包子带回到紫禁城。吃多了山珍海味，偶尔吃到这民间的零嘴儿，倒也新鲜。

千叟宴时，山西进贡的牛舌酥让康熙龙颜大悦、爱不释手，命人在宫廷点心里加了各种类似的酥皮甜品，比如用花制作的荷花酥、海棠酥、菊花酥。

除了康熙之外，乾隆帝也对鲜花做的酥饼情有独钟，尤其是云南特有的鲜花饼，入口芳香，酥嫩不腻，祖孙俩同为吃货人设。

乾隆三十八年（1773 年），乾隆南下之时也从民间带来了不少独特的糕点甜品。当年，他微服私访，路过苏州一家特别的商号，只觉得店面优雅别致，点心飘香迎面，直激味蕾，忍不住尝了一块蜜糕，当即评价其为“食中隽品，美味不可多得”。那家店便是至今家喻户晓的“稻香村”，不论是在 1773 年的清朝，还是在如今的中国，都是赫赫有名的点心商铺。

乾隆命稻香村送蜜糕到宫中，并且御赐了一块金匾，题有飞金“稻香村”三个大字。

除此之外，八珍糕也是乾隆和慈禧喜爱的食疗药方，分为男八珍和女八珍，是健脾祛湿的美食。其需要的材料也并不复杂，糯米、大米、莲子肉、党参、茯苓、炒白术、薏仁、芡实、山药、白扁豆，还有白糖。

除此之外，乾隆还喜欢燕窝炖观音山贡蛋，布丁一样的口感，入口即化，一品难忘。

《驾幸热河哨鹿节次照拿膳底档》里记载的孙泥额芬白糕，在清朝肯定上必吃榜，又香又软，口中留有回香，卖相好看，质感甜而不腻。满族人居住在关外，寒冷的天气下，他们需要热量滋补身体。孙泥额芬白糕主要由新鲜牛奶、鸡蛋清和淀粉制成，深受乾隆和富察皇后的喜爱。

【本章参考文献】

《本草纲目》《饮馔服食笺》《燕京岁时记》《古今事文类聚》《复斋漫录》《能改斋漫录》《牡丹荣辱志》《山家清供》《弇州山人四部续稿》《调鼎集》《清稗类钞》《食宪鸿秘》《儒林外史》《红楼梦》《糖史》《唐会要》《新唐书》《大唐西域记》《中天竺国行记》《法苑珠林》《天工开物》《闽书南产志》《广阳杂记》《兴化府志》《梦粱录》《吴氏中馈录》《明实录》《郁离子》《覆瓿集》《写情集》《犁眉公集》《驾幸热河哨鹿节次照拿膳底档》《清代起居注册·雍正朝》《清世宗实录》《清史稿》

第三章　小吃 vs 宫廷御膳

壹

古代的主食从隋唐五代时起就是米饭了，和现代的饮食几乎一模一样。

《东京梦华录》记载，饭的种类主要有羊饭、煎鱼饭、生熟烧饭、随饭、荷包白饭、大小米水饭、素米饭、水饭等，可以作为主食，也可以做成随性的小吃点心，同时也可以制成稻米粥、粟米粥、麦粥、豆粥、粳米粥、蔬菜粥，还有肉粥。稻米和麦面的饮食文化，可以算是南北习俗随着社会的发展互相影响的一大特征。

那时候的饺子有很多不同的名字，包括角子、角儿、馉饳(gǔ duo)儿、扁食等,《东京梦华录》中还有细料馉饳儿、旋切细料馉饳儿等其他名字的记载。饺子深受百姓官员的喜爱，连皇上也会一边吃饺子，一边观赏歌舞。

还有一种有名的面食，叫作冷淘，相当于现代人吃的凉面或冷面。用井水将煮熟的面条浸冷了食用即可。宋朝之后，槐叶淘、甘菊淘、银丝冷淘、丝鸡淘等各种冷面被发明了出来，还有用腌菜的齑（jī ）淘和卤肉拌面，风味非常多样。

有主食，当然还需要有蔬菜啦！《山家清供》记录，古代的蔬菜可以制作成酱菜、盐醋腌菜、干菜。同时，古人也吃各种肉类、水产类，和现代人几乎没有区别，做法也是多种多样。羊肉、鸡肉、牛肉、鹅肉、鸭肉、马肉、驴肉、野禽肉等等，反正能抓到的，都是古人餐桌上的美味。

《陶朱新录》中就记载了关于野味的典故，宋朝蔡京府在皇宴上一连烹饪了一千多只鹌鹑！宋神宗时期，宫廷每年要消耗四十三万斤的羊肉，那个时期从辽、西夏等地传入了大量新颖的烹饪手法，这也促进了各民族文化相融合。

不管是古代还是二十一世纪，羊肉的食疗功效都大受追捧，酒蒸羊、绣炊羊、五味杏酪羊等等都是古人餐桌上的美食。用鸡肉制作的菜肴也是数不胜数，像如今餐馆里能买到的豉汁鸡、炒鸡、白斩鸡等等。《乌青镇志》和《阅世编》记载过各种鹅、鸭制作的美食和美食盛宴，不仅做法考究，而且摆盘也很有要求。

猪全身是宝，猪肉和其内脏都是古人的挚爱。还记得我们的吃货大人苏轼吗？当他被贬至黄州时，也不忘吃、研究吃，用烧猪肉加酒制作成了东坡版的红烧肉，还写了首《猪肉颂》：“洗净铛，少着水，柴头罨（yǎn）烟焰不起。待他自熟莫催他，火候足时他自美（美）。黄州好猪肉，价贱如泥土。贵者不肯喫（吃），贫者不解煮。早辰起来打两椀（碗），饱得自家君莫管。”

另外，苏轼在《格物粗谈·饮馔》中还写过如何制作火腿：“火腿用猪胰二个同煮，油尽去。夏天以生苋菜铺饭上，置凉处，经宿不馊。夏天肴馔悬井中，经宿不坏。凡饮酒，先食盐一匕，则后饮必倍。草果为细末，遇饮酒，以少许置盏内，即醉。煨皂角一挺置盐内，不走油。藏火腿于谷内，数十年不油，一云谷糠。”同为吃货，李渔在《闲情偶寄》曾表达过他对鱼、虾、蟹等水产品的喜爱。

可见古今中外吃货的共性，就是研究各种烹饪的方法！

畜牧业和家禽业对古人的饮食也是至关重要的，毕竟肉食在人们的生活中占据着十分重要的地位。《东京梦华录》

记载，东京每天有数万头猪来自汴京郊区民间，“唯民间所宰猪，须从此入京。每日至晚，每群万数”，可见当时养猪的行业发展很快。

有主食，那肯定就有小吃。现代人嘴巴无聊了，随时能找点零食吃。在古代，小吃也被称为“小食”，最初指的是早餐，后来渐渐发展为零食的代名词。现在有的汤圆、麻球，可以追溯到千年前的古代，那个时候什么都有，各种甜品等都在范成大的《吴郡志·风俗》里面有过记载。

只有你想不到的，没有人家吃不着的。

比如像《酉阳杂俎》里记载的唐朝小吃饆饠（bì luó），是装馅的点心，还有古楼子，类似于羊肉夹馍。《岁时杂记》里面的重阳糕，《事林广记》里的高丽栗糕，《吴氏中馈录》中的五香糕、煎堆，都是现在餐厅里可以找到的美食。一般的小吃，都是由主食演变而成的。这里我们就来一起看看美味小吃的历史渊源。

唐代白居易曾写过这样的诗句：“午斋何俭洁，饼与蔬而已。”《东京梦华录》记录过各种卖饼的店，有油饼、胡饼，可见饼在宋朝时期已经是常见的食物。宋人黄朝英曾说，烧制而成的是烧饼，用水制作而成的是汤饼，而蒸出来的是蒸饼，种类繁多，甜的、咸的都有。古人甚至还发明出了一些奇怪的口味，比如说莲花肉饼、蜂糖饼、菊花饼这些，放在现在的点评网站上，应该是各个饭店的招牌特色菜了。

说起解馋的健康零食，不得不看看丰富的水果品种。自从古代南北的往来增多之后，百姓们日常可以买到北方和长江流域的各类水果，以及来自亚热带的果品。同时，储藏和加工的手法也在日益精进，冷藏、窖藏、密封等方法被发明出来，虽然防腐剂的技术没有现今社会发达，但是通过将鲜果制作成炒货、干果、蜜饯、果脯等方式，延长了水果的保存期限。

贰

从先秦到明清，中华美食数不胜数。随着经济的发展，交通的发达，我国与邻国的交流日益频繁，各种外来食物丰富了我国吃货们的食谱。

我们今天司空见惯的食物和调味料，很多都是古代时外来的。对于这些外来食物，古人在它们的名字前面会加上“胡、洋、番”等字样，方便区分。

“胡”字打头的食物有胡荽、胡桃等等。胡荽就是香菜，源于地中海地区，而胡桃就是核桃，原产于西域，都是西汉时期由张骞带回中原地区的。

带“番”字的食物，比如番薯，本来是墨西哥、哥伦比亚等美洲国家当地人的主食，通过西班牙殖民者引入东南亚国家，最终传入中国。番木瓜就是木瓜，据说是唐宋时期或者直到明末时期，由墨西哥传入中国。番荔枝也被称为佛头果、释迦果、番梨，主要产自热带美洲陆地，或加勒比海的海岛，和西印度群岛上，到十七世纪才传入中国的热带地区进行培植。

带“洋”字的外来物种包括西洋苹果、西洋参、洋芋、洋姜等，也是在古代从欧美传到中国的。由此可见，不论是什么样的外来物种，都与当时的文化交流、社会发展和地理条件息息相关。

《礼记·王制》记载：“中国、戎、夷，五方之民，皆有性也，不可推移。东方曰夷，被发文身，有不火食者矣。南方曰蛮，雕题交趾，有不火食者矣。西方曰戎，被发衣皮，有不粒食者矣。北方曰狄，衣羽毛穴居，有不粒食者矣。中国、夷、蛮、戎、狄，皆有安居、和味、宜服、利用、备器。五方之民，言语不通，嗜欲不同。”

可见，来自不同地区的古人，吃的东西也不一样！这个差异性是与当时民俗、环境、经济和原材料息息相关的。像现在的文化差异一样，语言都不一样呢，那“吃”上面的喜好，肯定也不尽相同。

汉武帝建元年间，张骞出使西域的历史大家应该都有所了解，他数次被俘虏，历经千难万险平安返回中原。不过，也正因为他，我国开辟了这条从长安通往西域的“丝绸之路”，带动了中原和西域少数民族的交流，也带来了很多西域的美食。

那个时候，西北方的少数民族被称为“胡人”。和“胡”字相关的，比如胡麻、胡饼、胡荽（香菜）、胡桃、胡蒜等，大都是从西北传入的食物。西北少数民族除了带来很多瓜果蔬菜和调味料，还带来了不少新鲜的美食，像乳酪烹饪、羌煮貊炙、胡羹、羊盘肠等，都是从西域流传至中原的。

所以，很多现代中餐必备的调味料，都是在古代来源于少数民族地区哦！举个例子，姜是源自南方的少数民族。连葱都是齐桓公带回来的。

做菜的话，没有“油水”怎么行？古代的中原地区主要食用的是动物油脂，比如猪油、牛油、羊油。植物油的使用，一直到芝麻引进后才开始。《齐民要术》和《梦溪笔谈》里有记录，芝麻是“脂麻”的谐音，是张骞从大宛引进来的“油麻之种”，芝麻来自南部的热带草原，本来在中原地区是找不到的。

魏晋至唐宋时，陆续从国外引进了各种各样的瓜果蔬菜。《齐民要术》中，记载了从印度传入的茄子、黄瓜。黄瓜产于印度，之前被称为胡瓜。如果没有张骞，我们现在的盘中餐真的要少好几道菜啊！

有一种“千金菜”，这里不得不提一下，就是我们的莴笋了！吃起来清脆爽口，是当时呙国进贡的美食，所以在古代非常稀有。隋朝朝廷为了求得莴笋的种子，可是花了大价钱，所以才取名为“千金菜”。

唐朝盛世，唐太宗广受拥戴，被四方奉为“天可汗”。“贞观之治”开启了唐王朝的鼎盛时期，奔放自由和开明的生活方式，吸引了四面八方的人们前来长安。

食物不仅仅代表着古代中国的昌盛繁荣，更能体现出国家与国家、文化与文化之间的交流互通。真正受到影响的，除了吃的东西，还有吃饭的方式。

唐朝之前，古代的中国人是跪坐着吃饭的，类似于现在韩国人、日本人的礼节。当时大家吃饭的时候，习惯分开席地跪坐，每个人在小食案分而食之。可以脑补一下这个画面，饭菜来了，一个人一个小桌子，跪坐在自己的小垫子上吃自己的那份餐，想跟同桌聊个天，可能需要提高嗓门，是不是想想就累？

胡人本身就比较奔放，吃饭也不讲究“分餐制”，这种分餐制对于他们而言，不利于沟通交流。

在唐代，胡人的吃饭习惯开始对中原地区有了深远的影响。如果没有当时引入的“胡床”和“貊盘”，可能我们在二十一世纪还得跪坐着吃饭，一顿饭后可能腿都麻了。这里的胡床类似于马扎儿一样的小椅子，而貊盘则是盛放食物的盛器。在此之后，中国百姓开始习惯合食，而不是分开跪坐着吃饭了。

《本草纲目》记载，油菜来自西北少数民族，上古时期已经传入中原民间，一开始是被当作菜，到唐朝才开始用其榨油，宋朝时期得名油菜。

在宋、元、明、清几个朝代，西方美食不断进入中国的菜谱当中。

十五世纪末到十六世纪初期，麦哲伦首次完成环球航海，标志着世界进入“大航海时代”。也是在这个时代，哥伦布发现了“新大陆”，欧洲人进军美洲建立殖民地，往来的商队将大洋彼岸的农作物带到了世界各地，其中也包含当时的中国。

“郑和下西洋”是在公元1405年至1436年间，三宝太监郑和前后七次花了三十余年的时间，西下大洋，从东南亚到东非去了三十多个国家，带回来了很多美食和奇珍异宝。

明朝时期传入中国的蔬果，有原产于墨西哥的辣椒，原产于印度尼西亚的苦瓜，原产于南美的菠萝、土豆、甘薯、玉米、花生。明朝人王象晋的《群芳谱》中记载，向日葵也是明朝时期传入的。可见明朝时期的百姓口福不浅，向日葵不仅好看，葵花籽还可以解馋。

“番”这个字，也是这个时候开始兴起的。“番有”是“外来”的意思，其他的国家则被称为“番邦”。说到“番”字，我们来了解一下关于番茄有趣的历史。番茄也被称为西红柿或狼桃，原产于美洲，后传入欧洲。当时，由于其颜色过于艳丽，曾被人当作有毒的东西，大家都不敢吃。根据考古学家的调研，在西汉古墓中就有番茄的种子了，史学家推断西红柿是沿着丝绸之路传入中国的。只不过当时人们并没有把番茄当成食物，而是作为观赏植物，一直到晚清光绪年间才正式成为人们的盘中餐。

随着鸦片战争的爆发，清朝的统治渐渐走到了尽头。这个时候西方人带来的物品前面都会加上一个“洋”字，比如西洋苹果、洋梨、西洋参、洋芋、洋姜、洋白菜。

从先秦到明清，最终到现代，国人的食谱随着时间的推移不断变化、丰富，满足了不同历史时期吃货们的胃口。

外来美食大盘点——苦瓜篇

苦瓜，原名锦荔枝，又名癞葡萄，元时名红姑娘。郑和的翻译官费信撰写的《星槎胜览》里面记载：“苏门答剌国一等瓜，皮若荔支，未剖时甚臭如烂蒜，剖开如囊，味如酥，香甜可口，疑即锦荔支也。”

虽然苦瓜从明初就在我国南方开始种植，但是因为它味道苦涩，并没有受到美食家的喜爱和青睐。因此，很多美食相关的典籍如《中国古典食谱》《闲情偶记》和《随园食单》里，都没有苦瓜的记述。

可渐渐地，人们发现苦瓜虽然味道苦，但苦过之后，别有一番清新的味道。更有文人赞颂苦瓜“口苦能为偈，心清志方操”，可见，品尝过人生的甘苦，能够令人更明白节操的价值。

苦瓜的种类有很多，其中有一种“白玉苦瓜”以其精美的外观，洁白的肤色令人印象深刻，这种苦瓜比常见的绿色品种口感更加脆爽，苦味也要淡一些。同时，白玉苦瓜兼具精致的外形和苦瓜清凉解毒，明目助消化，低热量等特点。在炎炎夏日，无论是凉拌还是清炒都是一道美味又对身体有益的佳肴。

当然，我们平时比较常见的，还是表皮绿色的苦瓜。如果你不喜欢它的苦味，可以通过泡盐水，用沸水焯烫的方式来祛除。

而且，苦瓜是蔬菜中的“自苦”型选手，它的苦味并不会沾染到一同烹饪的其他食材上，还会显得其他菜更甜、更好吃，所以也被称为“君子菜”。

明代王象晋创作的《群芳谱》中称苦瓜为红姑娘，此外，苦瓜还有红羊、红绫鞋等称谓。如果你看过苦瓜从青涩到成熟的过程，就会明白。当苦瓜成熟的时候，瓜身先是会慢慢变黄，然后从内而外地红起来，苦味也褪去，转变为甜味。苦尽甘来，这就是苦瓜带给我们的人生感悟。

当代著名作家、诗人、学者、翻译家余光中先生，还曾创作过一首名为《白玉苦瓜》的现代诗。他在故宫博物院观赏一件白玉雕琢的苦瓜时灵感乍现，以物寄情，表达了诗人对中国传统文化的珍惜之情。

叁

《诗经》云：“普天之下，莫非王土。率土之滨，莫非王臣。”在古代社会，地位最高的就是帝王了。作为一国之君，不仅位高权重，吃的穿的肯定都得是最好的。当时的宫廷看馔，放在今天可算是奢华的大餐了，一般人想吃都吃不到。这里我们来一起看看，宫廷御膳是如何一步步地从皇宫深闱走进现代餐厅里的！

御膳最开始还比较简单，毕竟远古社会的资源有限。后来，宫廷宴会变得烦琐奢华，对色香味还有情调都有极高的要求。《诗·小雅·鹿鸣》里描述了周王与群臣欢聚一堂，在宴会上尽享宫廷美食的情景，当时不仅要吃得畅快，而且需要音乐助兴。

其实，周代的御膳已经比较复杂，吃的东西有肉酱米饭，烤羊羔和烤乳猪等。各种肉类的做法和现在的做法差不多。那时的御膳席已有私席和官席之分，私席指的是亲友旧故间的聚餐，而官席是指天子招待朝臣或者外邦使臣时设立的大规模筵席，听起来排场就很大。当时的宫廷宴席讲究礼仪不说，连天子吃饭都要祭祀，衣服还要换好几套。餐品空前丰盛，工序也比较烦琐。试想一下，咱们现在吃饭，如果其间要烧香叩拜还要换好几套衣服，是不是等坐下都饿过劲儿了？

战国末期，食玉之风终于被六畜八珍替代，六畜包括猪、牛、羊、马、鸡、狗。而八珍则为龙肝、凤髓、鲤尾、豹胎、熊掌、羊脂、猩唇、鹗炙。猩唇听起来很诡异，却是当时秦国丞相吕不韦的最爱。当时主食主要是稻、黍、稷、粱、麦、菰这六谷，喝的有六清。外加百余款山珍海味和酱料，吃饱吃好肯定没问题！古人还对五行养生极为考究，吃饭讲究应合四时之变，因而每个时间点都有不同应季的食材。比如春天适合品尝小羊、小猪，夏天适合吃鱼，秋天可以品味小牛和麋鹿，而冬天适合食用大雁。

古代的御膳主要可以分为几种。

第一种被称为“祭终御膳”。“国之大事，在祀与戎。”周王室非常重视祭祀。祭祀结束后，王室会与大臣们进行聚餐，祭终御膳排场大，餐品质量高，是非常重要的一种御膳。

第二种是“农事御膳”。讲的是天子、诸侯、公卿、大夫，以及各方官员选良辰吉日，直接参与到农耕活动当中，与民同乐。礼毕，宴席就开始啦。

第三种被称为“私旧御膳”，又称“燕饮”。指的是君臣一起品尝好吃的。

第四种是“竞射御膳”，这里的“射”指的是射礼。射箭在当时，是君臣间以及家人间常见的活动之一，而与诸侯国之间的“宾射”之宴则是帮助大家促进感情的好方法之一，氛围好不热闹。

第五种是“聘礼御膳”，是天子特意设宴款待外臣的，场面颇为隆重盛大！大家边吃边看节目，是比较重要的外交活动。

第六种是“庆功御膳”，也就是庆功宴。同样排场盛大，载歌载舞。

宫廷御膳既然是呈给历代帝王的，必须代表着每个朝代厨艺的最高水平。每个朝代对御厨的要求也不一样，如果能把他们召唤到现代，我们就有口福了！

夏朝时的庖正是专门负责君王膳食的官职，相当于后来的御府。此后御厨渐渐有了分类，负责烹饪的“庖厨”，负责宰杀牛羊的“宰夫”，负责鱼类的“司鱼”和负责汤品的“内瓮”，共同负责御膳和祭祀。

西周时期，御膳和政治融为一体，强调的是礼乐精神和等级制度，菜品比较多样化。《周礼》中记载，管理御膳的一共有二十个部门，专门负责天子和后宫王后、世子的饮食服务。“膳夫”负责天子，而“庖人”“内饔”“亨人”等则负责王后和世子。

那么在御膳之上，大家吃的都是什么呢？

秦汉时期平民一天只吃两顿饭，而西汉时期的帝王一天可以食用四餐，诸侯一日三餐。

宫廷中的饮食肯定跟民间的不一样。比如先秦时代的西周王室居然食玉！传说玉是阳精之纯，《穆天子传》中有记载周穆王向西寻玉的事迹。而当时他们吃的并不是一整块玉，毕竟那样光想想就觉得容易伤着牙齿。在新年和祭祀的时候，皇亲国戚会把玉屑放到食物里来吃，就像如今大厨会在食物上放金箔一样。

秦汉时期的御膳和周代差不多，只不过吃的种类更多了一些。比如面食添加了汤饼、蒸饼和胡饼，还有各种豆制品和豆豉等调味酱。负责天子御膳的有上千人，吃起饭来非常讲究，烹饪的方式如酱、腌、糟、醉、蒸、煮等应有尽有，厨艺很是高超！

汉代的时候，已经形成了鲁、川、粤三大菜系，所以御膳必须包含八珍。“水陆八珍”包含鱼翅、海参、明骨、花胶、燕窝、熊掌、鹿筋、雪蛤，而“动物八珍”包含熊掌、象拨、驼峰、猩唇、鹿尾、猴脑、豹胎、燕窝。皇帝御膳宴请朝臣时，把酒言欢，觥筹交错，也少不了丝竹之乐。

魏晋南北朝时期的中原饮食受到少数民族地区饮食的影响，宫廷御膳的种类更加丰富。烤肉、涮肉都流行了起来。晋代流行奢侈的饮食，晋武帝司马炎曾经在驸马王济家里吃过用牛奶和人奶做成的乳酪，听起来有一点变态！而东晋时期因为建康临近长江，所以宫廷的御膳流行起鱼来。同时，皇宫中还流行用鲨鱼肠肚制成的酱，伴着美酒，真是我们现代人也想象不到的盛宴。

隋朝时期比较短，谢讽所著《食经》曾描述过昏庸无道的皇帝花天酒地的故事。唐代太平盛世，经济繁荣，百姓安居乐业，所以御膳更加丰富创新，名字起得也非常好听，比如百花糕、清风饭、王母饭、红绫饼饻（dàn）。御膳名菜包括浑羊殁忽、灵消炙、红虬脯、遍地锦装鳖、驼峰炙、驼蹄羹等。

唐朝天宝年间春节之时，唐玄宗曾用熊肉和鹿肉包子宴请宠臣，名为“玉尖面”，伴着鹿血炖煮鹿肠，味道十分特别。

皇帝非常看重宴席酒会。唐朝时期的宰相韦巨源特意为唐中宗设计出“烧尾宴”，山珍海味奢侈无比。《清异录》中记载，韦巨源举办的烧尾宴包含了五十八种菜肴和二十多种糕点，荤菜有熊、鹿、驴、狸、鸡、鸭、猪、牛、羊、兔、鹌鹑，还有虾、蟹、青蛙、鳖、鱼，快把动物园搬到餐桌上了。

辽国皇帝喜爱野味，过年的时候会用毗狸（一种鼠类，即竹鼹）做菜，因为这种动物非常稀有，所以只有一品官员和皇室子弟才得以享用。可见当时过年的食物，除了家畜家禽和各种主食之外，野味也登上了舞台。

至元代，蒙古族人一统天下，所以宫廷宴席主要以蒙古族的特色食物为主，比如酥油、乳酪、马奶酒、驼乳糜、炙天鹅、野骆驼蹄、鹿唇。《饮膳正要》曾收入了各式少数民族菜品近百种，原材料主要是以牛羊肉为主。

明朝的开国皇帝朱元璋出身贫寒，曾经吃一个白菜豆腐做的“珍珠翡翠白玉汤”就满足了，但是成为皇帝之后，他仅午餐就能摆满一大桌子，菜单包括胡椒醋鲜虾、烧鹅、火赍羊头蹄、鹅肉巴子、咸豉芥末羊肚盘、蒜醋白血汤、五味蒸鸡等，还有各种茶饮佐味。

从明朝之后，御膳机构逐渐完善，同时分工明确，包含尚膳监、尚食局、光禄寺和太常寺，在这里工作的就有好几千人，常见御膳就有两百多道菜。当时的宫廷御膳强调吃时令菜肴，同时添加了江浙菜系的南方味道，南北混合后种类更加繁杂。烹饪的方法和菜品种类繁多。《事物绀珠·国朝御肉食略》记载：“凤天鹅、凤鹅、凤鸭、凤鸡、凤鱼、棒子骨、烧天鹅、烧鹅、白煠（炸）鹅、锦缠鹅、清蒸鹅、暴腌鹅、锦缠鸡、清蒸鸡、暴腌鸡、川炒鸡、白煠（炸）鸡、烧肉、白煮肉、清蒸肉、猪屑骨、暴腌肉、荔枝猪肉、臊子肉、麦饼鲊、菱角鲊、鲟鳇鲊、鑲鱼、蒸鱼、猪耳脆、暴醃肫肝、煮鲜肫肝、玉丝肚肺、蒸羊、熌羊。”

清代的宫廷早膳就可以吃到燕窝扁豆锅烧鸭丝、酒炖鸭子、燕窝肥鸡丝、竹节卷、糊猪肉这些美味，而午餐更是有百种之多。清朝的菜品名字都有着“吉祥如意，长命百岁”等寓意，可见清朝时期人们不仅在意食物的味道，而且名字好听也很重要！

清宫宴可以说是御膳的巅峰，其受到满族菜、鲁菜和淮扬菜的影响。虽然很多菜肴在民间也有，但完全比不上清宫中的奢华，比如一道普通的八宝鸭放到皇宫，制作起来就要复杂许多，工艺和味道必须是最好的才可以！

清朝的御膳房，其实是御茶膳房的简称，它包括御茶房、御膳房及其附属机构，由内务府管理。康熙比较节俭，御膳房一年的花销有几千两。但是乾隆就奢侈多了，乾隆晚期御膳房一年的花销高达两万两。

各地每年还需要向清廷进贡特产，山东是扁豆和凤尾菜，浙江则是酱菜和南方菜系，而福建负责闽姜。为了储存新鲜的食物，紫禁城内造了五所冰窖，常年储存寒冰，可谓是天然的冰箱。

清宫的御膳房包含荤局、素局、挂炉局、点心局、饭局等五局。荤局顾名思义，包含鱼、肉、海味菜，素局则负责青菜、干菜、植物油料等，挂炉局负责制作烧、烤菜点，而点心局主管制作包子、饺子、烧饼，以及各种糕点等。最后饭局负责粥、饭的制作。御膳房里面设立各种岗位，皇上每日的吃食都有规定的厨师和配料，不允许随意更换。

清朝皇帝对于饮食格外看重，连喝的水都是京西玉泉山之水，所以每日都有络绎不绝的马车专门负责运送新鲜的泉水。同时，皇上每天的御膳至少有二十余品菜肴、四味主食、二品粥汤，鸡鸭鱼肉、奇瓜异果，还有从各地进贡的山珍海味，应有尽有，每天都变换着花样，连皇宫里的米饭都是黄、白、紫三色的上等贡米。

所谓“美食须美器”，御膳中所使用的餐具也都是制作精美，仿佛艺术品般讲究。有金、银、玉、水晶、瓷、珐琅、翡翠，以及玛瑙制作的盘、碗、匙、箸等。在食用御膳之前都需要用银器“试毒”和太监“尝膳”，保证食物安全。《清朝野史大观》记载，乾隆时期的张安官是乾隆南巡时带回来的御厨，以“冬笋炒鸡”赢得了皇上的胃，这个人还在金庸先生的《书剑恩仇录》中出现过，可见在当时是非常有名了。

慈禧太后的膳食非常奢侈，据说她的正餐摆放起来需要用三张桌子，菜品有百余种。慈禧的寿膳房中有一名厨王玉山，拿手好菜被称为“四大抓”：抓炒里脊、抓炒鱼片、抓炒腰花、抓炒虾 。

除了日常的御膳，宫廷中还有不胜枚举的筵宴，比如太和殿筵宴、乾清宫家宴、皇太后的圣寿宴、皇后千秋宴、皇子成婚宴、重华宫茶宴，还有千叟宴等等，加上逢年过节各种宴席数不胜数。

《啸亭杂录》记载：“国家肇兴东土，旧俗所沿，有喜起、庆隆二舞。凡大燕享，选侍卫之猥（狷）捷者十人，咸一品朝服，舞于庭除，歌者豹皮褂貂帽，用国语奏歌，皆敷陈国家忧勤开创之事。乐工吹箫击鼓以和，舞者应节合拍，颇有古人起舞之意，谓之‘喜起舞’。又于庭外丹陛间，作虎豹异兽形，扮八大人骑禺马作逐射状，颇沿古人傩礼之意，谓之‘庆隆舞’。”可见丝竹声乐中享受盛宴，有的时候还有杂技表演，很有情调。

清朝的御膳中，以乾隆年间的“满汉全席”最为著名，也是最盛大隆重的御膳宴席。一般会邀请朝廷官宦和王公贵族盛装赴宴，奇珍馔馐琳琅满目，配以百余种菜品和鼓乐伴舞助兴。千余人前来赴宴，张灯结彩，热火朝天。

“满汉”顾名思义，包含“满菜”和“汉菜”，吃的时候也要按照这个顺序，吃到一半的时候还需要更换桌面“翻桌”。既然排场如此盛大，那么礼仪也是非常隆重。在奏乐声中，宾客坐下食用点心，行敬酒礼后才能正式吃饭。

乾隆甲申年间李斗所著《扬州画舫录》曾绘制过满汉全席中的千百名馔，作为清朝皇宫菜品种类最多的御膳宴席，满汉全席规定菜肴总数为一百零八道，其中五十四道为北方菜系，五十四道为南方菜系，还有四十四道各式各样的满洲饽饽，主、副食随时都可以添加。

满汉全席的雏形在雍正年间形成，重大发展在乾隆、嘉庆两朝，菜肴要分五次才能上完。第一份是海鲜，有头号五簋碗十道，以汤羹为主，包括燕窝鸡丝汤、海参烩猪筋、鲜蛏萝卜丝羹、海带猪肚丝羹、鲍鱼烩珍珠菜、淡菜虾子汤、鱼翅螃蟹羹、鱼肚煨火腿、鲨鱼皮鸡汁羹、血粉汤等。第二份是水陆八珍，有簋碗十道，包括鲫鱼舌烩熊掌、糟猩唇猪脑、假豹胎、蒸驼峰、梨片伴蒸果子狸、蒸鹿尾、野鸡片汤、风猪片子、风羊片子、兔脯奶房签等。第三份是时鲜菜，有细白羹碗十道，包括假江瑶鸭舌羹、猪脑羹、鸡笋粥、假斑鱼肝、芙蓉蛋、鹅肫掌羹、糟蒸鲥鱼、甲鱼肉、肉片子汤、茧儿羹等。第四份则为蒸烤佳肴，包括毛鱼盘件，炙、油炸猪羊肉，挂炉走油鸡、鹅、鸭、鸽臛，白煮猪羊肉，白蒸小猪子、小羊子、鸡、鸭、鹅等。第五份算是下酒菜，包括洋碟、热吃劝酒、小碟、枯果、鲜果等，将奢华美食宴席发挥到极致。

满汉席包含六种宴席：蒙古亲潘宴、廷臣宴、万寿宴、千叟宴、九白宴，还有节令宴。

蒙古亲潘宴是清代皇室和蒙古亲族的御宴，每年都要举办，满族一、二品大臣都必须参加，放在今天有一种工作应酬的感觉！虽然饭很好吃，但是伴君如伴虎，朝臣们吃起饭来可能心也挺累的。

无私殿的廷臣宴设立在每年正月十六日，大学士和功臣还有蒙古王公都可以参加，赴宴的时候需要遵从宗室宴之礼，坐在高椅上饮酒作诗，算是每年皇上拉拢群臣的一种聚餐方式。

万寿宴顾名思义，就是清朝帝王过生日的派对，后宫佳丽还有文武百官，包括皇亲贵族都必须参加，同时进贡贺寿礼，乐舞宴饮，各种珍贵的食材一应俱全，分外壮观！

康熙帝席赋《千叟宴》用来描述在阳春园举行的千人御宴，后被称为“千叟宴”，在乾隆时期发展得格外盛大，可谓“恩隆礼洽，为万古未有之举”，御宴上的菜品也可谓飞禽走兽搜罗毕至。

道光皇帝曾作诗“四偶银花一玉驼，西羌岁献帝京罗”，描述的就是康熙年间，蒙古部落每年都会进贡“九白”：白骆驼一匹、白马八匹。“九白宴”因此得名。

节令宴指的就是按照节日举办的筵宴，包括冬至宴、元日宴、除夕宴、元会宴、春耕宴、端午宴、乞巧宴、中秋宴、重阳宴等。清宫的文化受到中原的影响，所以清朝皇宫中按照节日民俗所吃的特产和民间相仿，比如腊八粥、元宵、粽子、冰碗、雄黄酒、重阳糕、乞巧饼、月饼等等。办元旦宴的时候会用燕窝摆成“三阳开泰”，非常奢华，以表吉祥和祝福。

简而言之，古代的皇宫动不动就喜欢举办个宴会。可以说，历朝历代的宫廷御膳，代表了那个时期厨艺的最高水准！

古代御用食谱

大名鼎鼎的烤鸭

北京烤鸭其实源于南京板鸭。明成祖迁都北京时，带走了南京烤鸭的高手，清朝嘉靖年间烤鸭渐渐从宫廷传至民间。清朝时期用玉泉山填鸭来烤。填鸭和普通的鸭子不一样，长得快而且肉质鲜美。烤鸭需要制作者在清洗完填鸭的内脏之后，在脖子处充气撑起鸭脯，用沸水和饴糖水淋过鸭子之后晾干再烤，外酥里嫩，肥而不腻。吃的时候切成片，鸭皮蘸白糖，连皮带肉的鸭肉则配甜面酱、黄瓜、葱丝，还有蒜泥一起包在饼里吃。

百鸟朝凤

御厨在乾隆帝为庆贺其母钮祜禄氏六十岁的寿宴上创作了这道菜，主要是用母鸡和鸭胗制作而成，同时在砂锅中放入绍酒、葱和姜，小火慢炖之后加入猪油、蟹黄、少量盐和胡椒粉继续煮煨，最后放置于扁长形酒盅内，抹上猪油，同时将香菇和火腿摆出凤凰的翅膀和尾巴，每个酒盅加入一枚鸽蛋，蒸熟后摆成百鸟朝凤的样子，淋上香醇的汤汁即可。

红娘自配

光绪初年，由御厨梁会亭根据《西厢记》为慈禧太后定做出来，为的就是让侄女梁红萍出宫。一连吃了三年，慈禧才同意让宫女出宫。这道菜主要由鲜香酥脆的炸虾和猪里脊肉调制而成，同时加入绍酒、淀粉、番茄酱、胡椒粉、面粉、葱姜等调味料，还有少许香菜。

猴首庆寿

菜如其名，是为了给慈禧太后庆寿制成的大餐。制作过程需要先用猴头蘑做成猴头的样子，加上鱼丸来代表蟠桃，灵感来源于《西游记》中孙悟空偷蟠桃的故事，加上鸡油、料酒、胡椒粉及葱姜等调味料精工细作，最后被列入到满汉全席当中。

雍亲王府烧鹿筋

雍正曾经最喜欢吃鹿筋，因为“吃什么补什么”，食用鹿筋据说可以强身健骨。烧鹿筋就是以鹿筋为原料，加上卷心菜、枸杞和浓鸡汤，成为御用名菜。

“末代”西餐

末代皇帝溥仪钟爱西餐，曾下令成立两种膳房：野意膳房主要做中餐，而番菜房主要负责西餐。同时，为了能让清宫中的西餐和洋人所做的相媲美，还特意聘请了西方的厨子，同时在番菜房中增添了西方人吃饭所用的刀叉勺，还有咖啡壶和一系列碗盘等西餐餐具。溥仪在《我的前半生》中评价：“耗费人力、物力、财力最大的排场莫过于吃饭。”

肆

中国的对外活动始于秦汉时期。自西汉张骞出使西域，丝绸之路正式开通，古代中国和沿途国家的经济文化交流开始愈加频繁。张骞从西域引进了胡人的食物，同时也把中原的食物，比如桃、李、杏、梨、姜、茶叶等土特产带到了西域。原西域地区的汉墓还挖出来了筷子，可见中原的筷子，还有传统烧烤肉啖炙法，对于中亚和西亚地区的饮食文化产生了重大的影响。

丝绸之路分为西北和西南两条路线。北起西安，从成都经云南直达缅甸和印度的西南丝绸之路，对我国食物的出口至关重要。东汉光武帝刘秀的军队曾经南征，一直到今日的越南等地。东汉王朝官兵在两国交界处留驻时，正好是农历五月初五的端午节。当时汉兵吃粽子，到现在东南亚端午节还保留着吃粽子的习惯。

海上丝绸之路途经泰国。从唐朝开始，泰国与中国交往密切，我国很多南方居民甚至移居到泰国等东南亚国家定居，也将我们的米食、挂面、豆豉、腊肠、腌鱼、干肉和餐具带了过去，此外还包括其他制作美食的工艺，比如制糖、制茶、豆制品加工这些技术，以及陶瓷的制作工艺。在中国的陶瓷传入泰国以前，当地人吃饭是用植物的叶子做盛具的。

缅甸、老挝、柬埔寨等国家均受到中国饮食文化的影响。元朝军队曾进入缅甸驻扎，同时还有福建的很多商人去了缅甸，一直到现在缅语中还有很多用福建方言拼写出来的词汇，像筷子、豆腐、荔枝和油条。

中国的很多蔬菜水果也传到了菲律宾，比如白菜、芹菜、大豆、梨、柿、柑橘、石榴、水蜜桃、香蕉。除此之外，菲律宾还有一些中国特色的美食，尤其是我国南方的食物，譬如馄饨、米线、春饼、叉烧包、杂碎、烤乳猪，还有米粉、面干、豆干、豆豉。当地人做饭用的锅碗瓢盆，都有中国文化的影子。

马来人的祭祀活动、礼仪、饮食习惯和古代中国人的习惯非常相似。举个例子，“塔夫”在马来语中是“豆腐”的意思，深受当地人喜爱，当地人还会将豆腐和咖喱一起制作，可以说是融合了中国和当地的文化。

移民到印度尼西亚的中国人带去了酿酒、榨油、制茶、制糖、水田养鱼等技术，也带去了不少特产美食。

日本料理同样深受中国饮食文化的影响。唐朝高僧鉴真东渡日本之时，带去了薄饼、干蒸饼、胡饼等一系列糕点，日本当地称这些糕点为“果子”。除此之外，鉴真东渡带去日本的还有中国的饮食文化，其中包括筷子的使用，面条、馒头、饺子、馄饨等主食和酱料的制作方法。当时日本留学生来到唐朝，将我国的民俗和饮食习惯带回到日本，譬如元旦饮屠苏酒，正月初七吃七种菜，三月上巳摆曲水宴，五月初五饮菖蒲酒，端午节吃粽子，还有九月初九饮菊花酒。日本人还改进了中国的粽子，根据当地人民的口味发明出喜粽、饴粽、葛粽、朝比奈粽等其他口味。

后来，清代中国僧人黄檗宗带着素食菜来到日本，这种素食菜称为“普茶料理”。之后还有一种荤素菜肴流传到了日本，被称为“卓袱料理”。胡麻豆腐、松肉汤等也在日本广为流传。

豆酱在日本被称为“唐酱”，蚕豆被称为“唐豇”，辣椒被称为“唐辛子”，萝卜被称为“唐物”，花生被称为“南京豆”，豆腐皮被称为“汤皮”。做饭常用的调料如酱油、醋、红曲，还有经常食用的豆腐、酸饭团、梅干、清酒都是从中国传入日本的。同时，还有一些来自中国的食物，就直接用“引进者”的名号来命名。比如明朝万历年间，日本僧人泽庵来中国学习厨艺，他用萝卜拌上盐和米糠腌渍后的菜，便被称为“泽庵渍”。清朝顺治年间，日本僧人隐元将菜豆带回日本，菜豆被称为“隐元豆”。

如今，日本料理中最著名的就是刺身了。刺身对于日本而言，就如国粹，也是古代日本招待外国使臣最高的礼仪。这种生吃鲜鱼的方法，其实来源于中国，在我国古代被称为“鱼脍”。

《论语》《春秋》《孟子》中就有关于生鱼片的记载。刺身在唐宋时期极为盛行，唐人《斫脍书》是一本专门讲切生鱼片刀法的书。宋代食神苏东坡在《仇池笔记》中也记录了生鱼片的制作工艺。

唐朝的饮食文化对日本影响颇深，“鱼生”正是在唐朝时期传入日本。刺身最初被称为“切片”，指所有生食的切片食物。

人们常说“靠山吃山，靠水吃水”。日本是四面环海的岛国，盛产海鱼，海鱼体内的寄生虫一般无法寄生在人体内，所以很快日本人就发现吃鱼简直是太美味太容易了！只是我国明清时中原地区人在养鱼的时候，经常用人畜粪便作为肥料，人们生食这样的鱼导致寄生虫感染，因而在明清时期，生鱼就没那么受中国人喜欢了。

公元七世纪，日本天武天皇颁布了第一条“食肉禁令”：“亦四月朔后，九月三十日前，莫置比满沙伎理梁。且莫食牛、马、犬、猿、鸡之宍，以外不在禁例。”其中四至九月份为禁食期，主要是为了保护资源，也应了孟子曾说的“不违农时，谷不可胜食也；数罟不入洿池，鱼鳖不可胜食也；斧斤以时入山林，材木不可胜用也”。之后历代统治者竞相效仿，所以这条禁令也是鱼类成为日本主流美食的一大原因。

随着提倡“众生平等”的佛教传入日本，“食肉禁令”包含的范围也越来越广泛。《续日本纪》记载：“和买畿内百姓私畜猪头，放于山野令遂性命。”为的正是保护猪和维持政治社会之需，同时避免资源开采过度，保护农业生产链。

可以说，中国的饮食文化受到了世界多地的风俗影响，同时也影响了其他国家的饮食文化和民俗习惯。也正是文化与文化之间的互补和交流，让每个国家的餐桌都丰富了起来。

【本章参考文献】

《酉阳杂俎》《岁时杂记》《事林广记》《吴氏中馈录》《东京梦华录》《猪肉颂》《格物粗谈》《乌青镇志》《吴郡志》《萍州可谈》《阅世编》《闲情偶寄》《汤饼》《续资治通鉴长编》《山家清供》《陶朱新录》《诗经》《汉书》《吕氏春秋》《礼记》《齐民要术》《梦溪笔谈》《左传》《茶经》《本草纲目》《群芳谱》《广雅》《四民月令》《肘后方》《史记》《星槎胜览》《救荒本草》《博物志》《说文解字》《西斋偶得》《周礼》《论语》《膳夫经手录》《南史》《食经》《卢氏杂记》《清异录》《饮膳正要》《明宫史》《事物绀珠》《清朝野史大观》《书剑恩仇录》《啸亭杂录》《扬州画舫录》《清稗类钞》《千叟宴》《西厢记》《曹操集》《我的前半生》《春秋》《孟子》《仇池笔记》《天武天皇令》《续日本纪》

第四章　吃货逸事

壹

民以食为天，古人极为看重美食，也有不少文学作品以“食”为引，讲述了不少文人轶事以及历史典故。

丁传靖编纂的《宋人轶事汇编》中记载了吕蒙正鸡舌羹的故事。吕蒙正曾是太宗、真宗时期的三任宰相。他的生活一直比较简朴，廉洁奉公，但因为年龄大了之后牙齿松动，喜欢吃鸡舌汤，吃过的鸡骨头都堆成小山丘了。

一日在花园散步的时候，吕蒙正看到了小山丘，仆人告诉他，这都是由做鸡舌汤的弃鸡鸡骨堆成的。原来他们家的厨子，做一碗汤需要用十只鸡舌，取下鸡舌之后居然就扔掉了整只鸡，最后堆成了一座小丘。吕蒙正听了这席话之后，心里反省，遂不复用。

宋朝邵伯温的《邵氏闻见录》中也记载了吕蒙正的故事。吕蒙正年少时以乞讨为生，曾在伊水旁等卖瓜人收摊了才偷偷捡几个剩下来的小瓜吃。后来等他当了宰相，在洛阳花重金买下瓜圃，并且在伊水边建了一块“壹瓜亭”作为纪念。这个故事后来还被元人改编成了杂剧，讲的就是吕蒙正在穷困潦倒的时候，和卖瓜人讨价还价的故事。吕蒙正结婚之后，依旧是两袖清风。潮州剧《彩楼记》讲过千金小姐刘翠屏“彩楼抛球择婿”的故事，这正是刘小姐不嫌弃吕蒙正，和他白首到老的故事。正如吕蒙正自己写的那首诗：“富家之女嫁贫夫，明日端午样样无。莫把节日空过了，舀瓢清水煮碗粥。”

在现代社会常见的食物肉包子、素包子，算是中国历史比较悠久的美食了。陆游《笼饼》诗里说“昏昏雾雨暗衡茅，儿女随宜治酒肴。便觉此身如在蜀，一盘笼饼是豌巢”，记载的便是当时蜀中用猪肉做馅的包子，味道甚佳，唐人称之为笼饼。古人习惯将所有的面食统称为饼，比如有汤的就是汤饼，用蒸笼做的就是笼饼。

宋代《太平广记》中记录的唐朝小故事，讲的是武周时期的侍御史侯思止，每次吃饭时都会叮嘱厨子“与我作笼饼，可缩葱作”，意思是多加肉，少加葱。后人给了他一个外号“缩葱侍御史”，可见猪肉大葱的包子，在当时就已经是经典搭配了。

宋朝陶穀的《清异录》里有关于包子最早的文字记载：“汴州（开封），阊阖门外道衢有食肆人呼为‘张手美家’，水产陆贩，随需而供，每节则专卖一物，遍京师辐凑号曰‘浇店’。”伏日卖“绿荷包子”。“伏日”指的是三伏天，而张手美家的“绿荷包子”非常特殊，只在夏天出售，春天、秋天和冬天都不卖。

北宋时期包子铺“王楼山洞梅花包子”被誉为东京第一（这里的东京指北宋的都城），《东京梦华录》中记载东京很多种驰名街头小吃，王楼山洞梅花包子在必吃榜上有名。这王楼山洞梅花包子中，“王楼”是品牌名字，而“梅花”指的是梅花一样的形状，暗指梅开五福，心思都在名字中。后人曾评价说：“天下包子出东京，开封灌汤数第一。”它味道甘甜鲜美，汤汁香滑浓郁，皮薄如玉，美如工艺。

随着农业技术的发展和原材料的丰富，宋朝人不仅在乎食物的口感、品质和烹饪工艺，同样在乎摆盘和器皿，可以说是食不厌精，脍不厌细。不论是市井百姓还是朝廷官宦都对饮食格外在意，就像《梦粱录》里描述的“凡百所卖饮食之人，装鲜净盘合器皿，车檐动使奇巧，可爱食味和羹，不敢草略”，而“杭城风俗，凡百货卖饮食之人，多是装饰车担，盘盒器皿新洁精巧，以耀人耳目，盖效学汴京气象”。

其中“车檐”指的是在街头卖食物的推车棚顶，“动使”指的是放食物的器具。这句话说的是东京街头各种卖食物的小商小贩，都会挑选漂亮雅致的器皿，车里载满各式各样的小玩意儿，用新颖别致的摆盘吸引客人，这种精致的饮食风气一直延续到南宋的临安。

当时随着发酵技术的发达，从灌浆馒头、羊肉馒头、太学馒头到梅花包子、汤包、素包、豆包应有尽有。《东京梦华录》里有关于梅花包子、鹿家包子、鳝鱼包了等记载，可见包子铺在大街小巷就像是酒肆、茶楼一样，成为老百姓生活中不可或缺的一部分，连皇帝也对包子十分热衷。

《燕翼贻谋录》里记录：“仁宗诞日，赐群臣包子。”在宋仁宗生日时，父亲宋真宗用包子赏赐臣子，可见当时开封的包子可以算是美名远扬。

包子在当时也被称为“一包菜”，冷水面皮，包裹着素馅。肉包子一般是以发酵面作为包子皮，所以和素包子算是两种不同的食物。而包子，其实是从太学馒头演变而来的。

《茶余客话》里记载，元丰初年宋神宗去太学视察，顺便了解一下学生的饮食，在食堂尝到了“馒头”，便盛赞“以此养士，可无愧矣”。从那以后，“馒头”彻底变成了皇帝的心头好，并得名“太学馒头”，成了太学学生回家探亲的必备之物。

而岳飞的孙子岳珂，也曾写过一首《馒头诗》。当时他刚在皇宫里参加完宴会，回家之后落笔成文。“几年太学饱诸儒，薄伎犹传笋蕨厨。公子彭生红缕肉，将军铁杖白莲肤。芳馨正可资椒实，粗泽何妨比瓠壶。老去齿牙辜大嚼，流涎才合慰馋奴。”诗中提到的，就是这太学馒头的做法：将肉丝和花椒、盐拌匀，用发面包裹成馒头状。模样白嫩，味道鲜美，就算老了没有牙了，也可以放心地大口吃肉。

《上庠录》中记载：“两学公厨例于三八课试日设别馔，春秋炊饼，夏冷淘，冬馒头。馒头尤有名，士子往往携归馈亲识。”包子作为赠送给友人的佳品，其地位在中国文化中的尊崇，可见一斑。

由于当时大家都称其为馒头，所以大江南北都管包子叫馒头，现在江浙地区的人还会把生煎包称为生煎馒头。明朝的时候，朱元璋第五个儿子周王也最爱吃太学馒头，经常用其宴请大臣。由于来赴宴的一般都是一品官员，所以太学馒头也被称为一品包子。

《儒林外史》里说“厨下捧出汤点来，一大盘实心馒头，一盘油煎扛子火烧”。这里的馒头指的则是没有馅儿的馒头，所以在明清时期，馒头和包子渐渐变成两种不同的称谓。

清朝时期的“豆腐皮包子”是宫廷御膳。传说制作者需要用木耳、金针菇、香菇精心调成馅，包以豆腐皮淋上麻油，蒸制而成。《红楼梦》中宝玉在早膳也尝过一碟豆腐皮包子，将其当作极为稀罕之物，特意差人送给晴雯吃。

现在我们吃的素包子有菜馅儿的，也有豆沙馅儿的。最早的时候，人们称之为酸馅或馂馅，这要追溯到宋徽宗和“六贼”之首蔡京的历史渊源。

宋徽宗以“安逸”治国，就像他自己在名画《芙蓉锦鸡图》中用瘦金体写的“秋劲拒霜盛，峨冠锦羽鸡；已知全五德，安逸胜凫鹥”，把自己比作五德俱全的芙蓉锦鸡。

蔡京此人，有头脑，有样貌，还是个才子，在宋徽宗身边很得宠。他曾创建居养院、安济坊、漏泽园等，推行社会救济制度，反映出宋朝经济的发达。除此之外，他和宋徽宗都爱吃。

宋徽宗是个出了名的吃货，还钟爱饮茶。他曾在《大观茶论》中写过茶的采制过程和如何烹煮品饮，连民间的斗茶之事都研究颇深，还结合开封内饮茶饮酒的宴席绘制过一幅《文会图》。

蔡京对饮食也是非常在意的，但和同为吃货的苏轼相比，可不是美名远扬，而是臭名昭著。大家对于他最多的评价，是奢侈淫靡。《鹤林玉露》中“缕葱丝妾”的故事，说的就是蔡京太师府的事。当时有个士大夫纳了一名妾，她自称是宰相蔡京府中的包子厨。士大夫以为自己捡着了宝，蔡京会吃众所周知，若是他的厨子，那自己岂不是有口福了？可他万万没想到，在他兴高采烈地让小妾做包子的时候，她却说自己完全不会，还理直气壮地说，他们府中分工明确，她只是负责缕葱丝，所以并不会做包子。

只是做个包子，蔡京家的厨房却会把择菜、缕葱丝、擀皮、包馅等不同的工作分给不同的人，可谓将“术业有专攻”发扬光大了。

除了包子之外，蔡京还热衷于蟹黄馒头、鹌鹑羹、黄雀鲊等美食。黄雀鲊是一道腌制品，也是历史记载中蔡京奢侈饮食的代表性美食。

黄雀就是麻雀，这道菜需要把黄雀处理好之后，除去翅膀尖和爪子，用绍酒洗干净之后晾干，接着用酒糟、甜酒、花椒、红曲、橘皮以及葱姜蒜盐一起搅成的酱料放在瓷坛中腌制一周，最后干炸蒸制而成。这道菜制作工艺非常复杂，在明清后失传。

蔡京和宋徽宗在某些方面都是才高八斗的一代宗师，论在书法绘画上的造诣，二人可以算是棋逢对手的知己。然而，他俩却玩得有点儿不务正业了，最后导致国破家亡。

菜包子这个词是老百姓嘲讽蔡京的代名词。此事源于开封城内的一个小贩，在叫卖的时候喊“卖一包菜”意指蔡京。最后，蔡京被流放。《挥麈录》记载，因为百姓不分给他一口吃的，最后热衷于美食的他居然被饿死了，结局十分凄凉。

包子的前世今生之徽宗师师

政和间，汴都平康之盛，而李师师、崔念月二妓，名著一时。

——南北宋交替时期的文人张邦基《墨庄漫录》

汴梁雨落，马蹄穿梭往来，留下马下涔滴。缀红的飞檐上挂着打湿了的灯笼，在朦胧的水汽中氤氲了轮廓。雨后的夜幕悄然降临，天边的月色方才浮起，清冷透亮，渲染了半边深浅不一的云。

无数华丽的酒楼当中，樊楼最为著名。皇亲国戚、文人富商流连忘返，歌舞升平彻夜不眠。李师师作为名妓之首，一般人可见不到她的真容。诗人晁冲之曾经以“看舞霓裳羽衣曲，听歌玉树后庭花”赞美她的歌舞。

秦少游也曾评价她“远山眉黛长，细柳腰肢袅。妆罢立春风，一笑千金少。归去凤城时，说与青楼道。遍看颍川花，不似师师好”。

相传李师师本为染布匠王寅之女，可惜出生时母亲就去世了，而父亲王寅因为给朝廷送布料送晚了，也死在了牢中。李师师被樊楼的李婆婆养大，自小眉眼间就含着几分忧郁。她向来不喜欢这种喧闹，可又不得不委身于乱世之中。

丝竹声声，门庭若市。繁华美景尽收眼底，李师师却只身一人站在露台，低头抚琴。

“师师呀，有个富商赵乙，花了重金今天想要见你呢！”李婆婆跌跌撞撞地跑进她的屋子，手上和脖子上挂着几个新的金银首饰，“你一会儿收拾收拾，要好好招待他哦。”

“又是个富商。”李师师斜眼看了一眼李婆婆，摇头轻笑，“近些年来的富商可是越来越多了，不差他一个。”

“哎哟，我们师师的要求可是越来越高了。”李婆婆跑到她面前，摘下一个手环塞到她怀里，“就依着你的性子，不过也别让他等太久哦！我看他出手阔绰，应该不是一般人……”说到这里，李婆婆眯起眼睛笑，“说不定是个皇家子弟呢！”

李师师看了看手中的金手环，上面雕刻着精美绝伦的花纹，在灯火通明的樊楼里熠熠生辉。这样的稀罕物件她见多了，也就变得不稀罕了。

可是她万万没有想到，这个她不屑于一见甚至等了她一夜的富商赵乙，居然是当今圣上宋徽宗。若不是他留下了一条龙凤鲛绡丝带作为定情信物，李师师还以为他真的只是一名普普通通的商人。

也是因为李师师的欲拒还迎，让宋徽宗对她格外感兴趣。翌日再相见时，李师师以一曲周邦彦的《万里春》，彻底俘获了宋徽宗的心。李婆婆见二人眉来眼去，命下人送了一些点心和包子到房间里，以助雅兴。刚出炉的包子热气腾腾，晶莹剔透，白白胖胖的，让人恨不得一口就咬下去。

“你可知，这馒头是谁发明的？”宋徽宗含笑问她。

“传说，是三国时期的诸葛孔明。”李师师放下手中的琴，“高承《事物纪原》中，曾引用《稗官小说》里面的一段话。虽不知是真是假，但流传了这么多年，听听也甚是有趣。据说当时诸葛亮出兵西南，讨伐孟获。《出师表》中记载‘五月渡泸，深入不毛’，说的就是五月间他们横渡泸水时遇到瘴气，而且水中含有毒物。战士们喝了泸水，均患了重病，还有不少人丧命于此。”

没想到李师师文采奕奕，博学多才，宋徽宗不得不暗自赞叹。

“当时就有人说，西南地区巫术猖狂，需要祭祀神灵，才能够得到辅佐。可诸葛亮不愿听信当地祝由的说法，所以便用羊肉和猪肉包成了人头状的包子祭祀，同样获得了神兵的帮助。”

《事物纪原》记录的都是一些趣闻野史，并不能完全证明包子就是诸葛亮发明出来的。只不过，在古代，祭天是重大的祭祀仪式，不同民族的方式各不相同，有的民族甚至会用人头祭祀。所以也有人说，馒头有很大的概率是为了替代人头。晋人卢谌《祭法》中也有记载“春祠用曼（馒）头”，可见当时确实有人用馒头作为祭品。

这段故事甚是有趣，宋徽宗本来就心不在朝政，喜欢吃喝玩乐、诗词作画，倒是和李师师十分谈得来。她后来还特意为他研发了新菜品：三凤馔和三珠。三凤馔是以“凤”为主题的菜，包括鸡与鹌鹑制作的百鸟朝凤，嫩冬瓜和母鸡烹饪的凤还巢，还有小鸡和鹌鹑蛋搭配出的金凤孵雏。

二人情意绵绵，却不被世人看好，更是有大臣上奏说宋徽宗不关心朝政，他后来不得不命人挖了一条从皇宫到李师师家里的地道，两个人才得以私会。

只是李师师爱上的人并非凡人，成为帝王的女人也意味着她这一生注定情路坎坷。宋徽宗无法给她名分，樊楼中其他文人骚客也不敢亲近她。后来金人入侵，有传言说李师师捐赠出了全部家当，助宋军抗金，在靖康之难后离开汴梁，为了宋徽宗在慈云观中出家，为其祈福。也有人传言在金军闯入汴梁之时，李师师自尽。

贰

西晋时期经济发达，南北交流频繁，各方美食传入中原，饮食奢侈。富家子弟流行着奇怪的斗富作风，十分夸张。

官宦子弟石崇，家里妻妾无数，各种奇珍异宝应有尽有，连上厕所的礼仪都与众不同。客人如厕时有穿着华丽的婢女侍奉，还有甲煎粉、沉香水等香氛环绕，上完厕所还有新衣服可以换。

石崇每次举办宴席、邀请朋友来家里做客的时候，都会让府里的美人给客人倒酒。如果杯中酒喝不完，石崇就会杀死美人。有一次，丞相王导和镇东大将军王敦一起来石崇家做客，王导不饮酒，结果石崇连杀了三名佳丽，令人瞠目结舌。

石崇也是西晋吃货的代表，《晋书》上记载，石崇家的厨房里有“庖膳穷水陆之珍”，可见不管是地上跑的还是水里游的，都能在他们家的餐桌上看到，食材非常多样。石崇对豆粥颇有研究，因为煮豆子花时间，所以他命下人将豆子提前磨成粉，这样在宴请宾客的时候就可以随时吃到新鲜的豆粥了。古代的温室和大棚养殖技术没有现在发达，所以古人很难在冬天吃到韭菜。可石崇家却不一样，因为他会把韭菜根捣碎之后，加上冬麦苗搅拌煮熟，完美地做出一道创新的反季节食物“韭菜羹”。

晋武帝司马炎的舅父王恺，曾屡次和石崇斗富，出奇地浪费。比如他会用饴糖、干饭刷洗锅碗瓢盆，而石崇则用蜡烛做柴火。王恺用紫纱布制作步障四十里，石崇则用锦制作步障五十里。石崇把花椒作为泥糊在墙上，而王恺则用陶土赤石脂来涂抹墙壁。

晋武帝赐了一株高二尺的珊瑚树给王恺，王恺开心地拿过去向石崇炫耀，没想到石崇居然手执铁如意，当场把珊瑚树给击碎了。王恺气得够呛，石崇却不以为意，直接吩咐下人搬出来好几株更高的珊瑚树还给王恺。

晋武帝的女婿王济，将用人乳喂的猪做成烤乳猪，当时晋武帝尝了之后，觉得味道鲜美，但一问烹饪的秘诀，顿时哗然。在大部分人还饥一顿饱一顿的年代，这样的生活奢华到了极点，甚至到了变态的地步。

《晋书》中的《何曾传》曾记载过司徒何曾的奢靡生活，他每天花在吃上面的消费要到一万钱以上，却还是觉得食物难吃到不知道如何下筷子，可见他对美食的要求也是十分苛刻。吃蒸饼的时候，何曾要求蒸饼一定要开裂成特别标准的十字纹，因为只有这样才能证明蒸饼发酵最佳、口味得当，要么他就不吃。

就连在皇宫中上朝议事，何曾也坚持自己带饭，连皇宫御膳房做出来的宫廷御膳都瞧不上。《晋书》中记录，何曾家的“厨膳滋味，过于王者”，可见当时何曾家厨房里做的菜比皇宫里的还好吃。而晋武帝居然也应允了，谁让御膳房技不如人呢？而何曾之子何邵在饮食排场方面，比何曾更加奢侈，他一天的伙食消费可以超过了两万钱，是他父亲的两倍！

晋武帝执政期间，西晋的经济发展还算可以，总的来说，有钱人的生活水平很高，贵族们享受着奢靡的生活。在武帝之后，智商有问题的晋惠帝即位，天下就乱了。当晋惠帝还是太子的时候，并不理解百姓饥荒时不喝肉粥，后来等他四处逃窜，终于明白肉是多么难得的美食。

八王之乱导致哀鸿遍野，连皇帝都没饭吃，更别说黎民百姓了。后来北方游牧民族趁机起兵，皇宫被包围，粮食断绝，宫里的人只能吃酿酒用的粗粮渣子压成的曲饼。后来，晋惠帝四处逃亡，饿得不行了，就随便吃点儿野果子，喝点儿凉水。随行的侍卫囊中羞涩，只有侍中黄门还藏着三千私房钱。晋惠帝不得不下诏要来这三千“救命钱”。这哪里是诏书呀，明明是欠条！

靠着借来的三千钱，惠帝一路上到百姓家蹭饭吃，没有蹭到就随便吃点儿糙米饭，拌着大蒜、盐和霉豆粉。与皇宫中的美食相比，简直是一个天上一个地下。

元康七年（297 年），一斛米涨到一万钱，大家什么也吃不起。晋惠帝居然下令，让买卖儿女合法化。建兴四年（316 年），一斗米涨到二两黄金，相当于现在的一万七千多元钱，谁人能吃得起？最后，甚至出现了人吃人的现象。

也正是西晋这些滥用职权的争豪斗富之举，导致奢靡之风盛行，最后国家快速地灭亡了。其实，魏晋的经济发展水平并不高，但是贫富差距很大，富人曾经极端奢侈腐败，后来又落得极端贫困潦倒，最后连人肉都走上了餐桌。而宋朝时期，“走卒类士服，农夫蹑丝履”，普通老百姓的生活整体来说比较富足，不论是穿衣打扮还是桌上饮食，水平都比较高。

杂记小故事

（一）西湖醋鱼

西湖醋鱼的典故，是来自一个名为叔嫂传珍的故事，讲的是古时姓宋的两个兄弟。哥哥已经娶妻，但是媳妇在西湖游玩的时候被恶霸赵官看上了。为了得到宋家大嫂，恶霸用奸计害死了宋兄。

宋家弟弟和大嫂去报官，却被棒打一顿赶了出去。叔嫂因为担心被报复，决定离开。临走前，大嫂做了一条鱼，味道又酸又甜，就是为了告诉宋氏弟弟人生有酸甜苦辣，一定不要忘记之前所受的苦难。

最后，小叔子考取功名，日子富足了也没有忘记哥哥的冤案。后来，成功地报了杀兄之仇，却和嫂嫂失去了联系。很久之后，他无意间在一家店吃到西湖醋鱼，辨出了这味道，最终和嫂嫂相认。

（二）伊尹以味说商汤

有些和美食相关的典故，可以反映出中国人民的生活观点和政治抱负。比如“厨娘运斤成风”说的是厨艺精湛，而“张翰千里思卢鲈”，说的是老子和庄子崇尚自由和家乡美味，而不是钩心斗角的朝堂。

“伊尹以味说商汤”的典故讲的是伊尹未入朝为官之前，他的厨艺和才能都举世闻名。商汤曾向他讨教天下事，伊尹从烹饪的角度，讲出国平天下的方法。商汤觉得他说得很有道理，后来命伊尹为宰相，在伊尹的辅佐下，商汤成功讨伐夏桀，建立了商朝。

老子曾道：“治大国如烹小鲜。”治国的大道理，其实都暗合于道，可谓“虽小道亦有其可观之处”。

（三）染指于鼎

楚国送了郑灵公一只鼋，郑灵公开心地让厨子将其煮成了羹。这时，正巧公子宋与子家经过，公子宋食指大动，道：“只要我食指一动，君王就会和大家分享美味。”

郑灵公听众人说了公子宋的话，心里有点儿不爽，心想这大鼋是我的，你食指动不动，跟我是否会分给大家有什么关系？

厨子做好了鼋羹，郑灵公唤来了很多朝臣，都赐予他们，最后召见了公子宋，却没有分给他鼋羹。公子宋特别生气，将食指伸入鼎中，只是蘸了一些鼋羹，之后就拍拍屁股走人了。

可想而知，郑灵公气炸了，说一定要杀了公子宋。而公子宋也怒发冲冠，说想杀了郑灵公，谁叫郑灵公不给他吃鼋羹的！这两个人，一个比一个小孩子气，也不管国家的存亡。后来，虽然公子宋成功杀了郑灵公，但他又被郑襄公给杀了。从此“染指于鼎”这个成语流传了下来，用来形容想要谋取不当利益的人。

叁

《黄帝内经》中说“五谷为养，五果为助，五畜为益，五菜为充”，说的就是饮食平衡和五行相生的重要性。古人的文化，受到儒家仁爱清廉、佛教慈悲之心和道家思想的影响，提倡清淡饮食，顺由天意，清雅自然。因此，素食一直是文人墨客和寺院人士所钟爱的。

孙思邈在《千金要方》中写道：“食之不已为人作患，是以食敢鲜肴务令简少。”“厨膳勿使脯肉丰盈，常令俭约为佳。”他认为贪吃肥肉会带来一些身体上的疾病，吃素食是用饮食内调身心的好方法。

《韩非子·五蠹》中记载：“民食果蓏蜯蛤，腥臊恶臭而伤害腹胃，民多疾病。”蚌蛤虽然鲜美，但是寄生虫多，容易变质。肉类也是一样，在古代没有冰箱，很容易保存不当，带来疾病。因而墨子也说“古之民未知为饮食，时素食而分处”，对于未知的、未加工的食物，还是素食更安全。

《礼记·王制》里记载：“诸侯无故不杀牛，大夫无故不杀羊，士无故不杀犬豕，庶人无故不食珍。”当时捕鱼相对而言更容易，吃到其他的肉类会比较难。孟子为了能让所有人都吃上肉，曾提议圈养鸡鸭猪等家畜，有了圈养饲养的技术，大家才能随时吃到肉。

古代在汉朝之前，吃的素食一般除了五谷之外，都是野菜。比如《诗经》里的荇菜是一种水草，卷耳是菊科植物，只能吃嫩苗。两汉时期，中原地区的主食是麦饭，而胡人将小麦磨成面粉的方法流传到中原之后，这就有了饼和馒头。丝绸之路开通之后，张骞从西域带回来了各式各样的蔬菜瓜果，大大丰富了我国的素食食材。

到宋朝之后，素食开始变得专业了。《东京梦华录》和《梦粱录》记录，北宋的首都汴梁有专门的素菜餐馆；而南宋时期对于饮食分外考究，素食的种类和制作方法有上百种之多，同时融合了北方饮食和南方菜肴的特点，味道丰富。

素食的菜名一般会带一个“假”字，例如假羊时件、假炙鸭、假蛤蜊、假驴时件、假煎白肠。不过有一道菜名叫作夺真鸡，完全是用蔬菜和豆制品制作而成的，从名字上就能看出这道菜的野心。用刀切开夺真鸡，能看到一缕缕的“鸡丝”，模样和口味都达到了以假乱真的程度。

宋人陈达叟写的《本心斋疏食谱》，就是以文人的角度来汇总的素食食谱，书中记录了“无人间烟火气”的素食二十种，每个还配有十六字的诗文，可以说是非常有情调了。菜的名字起得都很好听，为的就是让食物“原汁原味”，保证清淡风雅，例如荔枝被称为琼珠，竹笋被称为玉版，莲根被称为雪藕，山药被称为玉延。你需要用点儿想象力，才能将学名和书中的艺名对上号。

南宋林洪的《山家清供》中也记载了各种清淡简单的膳

食食谱，其中素食有八十八种，包括山野中的瓜果蔬菜，如山药、黄精、瓜蒌、麦门冬、百合、地黄、菊花等都包含在其中。有一道著名的山家三脆，就是将“嫩笋、小蕈（菌菇）、枸杞入盐汤焯熟，同香油、胡椒、盐各少许，酱油滴醋拌食”，味道鲜美，清爽可口。书中还记录了一道名为“松黄饼”的药膳，是在春末时分用松花粉和炼蜜拌匀制成的饼。

到了清代，素食的发展可以说是登峰造极。袁牧的《随园食单》为“杂素菜单”单独列了一张，像庆元豆腐、素烧鹅、茄二法、煨木耳、芋煨白菜、香珠豆、杨花菜都是纯素的菜品。袁牧曾说“一芹一菹皆珍怪”，最出色的菜肴只需要最简单的烹饪方式。而薛宝辰撰写的《素食说略》，里面记录了二百多种素食，称它为“素食百科全书”也不为过。

清代文学家李渔也是素食的代言人，他在《闲情偶记》中专门讲过自己对饮食养生和美学的看法：“声音之道，丝不如竹，竹不如肉，为其渐近自然。吾谓饮食之道，脍不如肉，肉不如蔬，亦以其渐近自然也……吾辑《饮馔》一卷，后肉食而首蔬菜，一以崇俭，一以复古。”他倡导素食，认为各种蔬菜可以体现出一个人的审美和人格追求。

苏轼曾说“无肉令人瘦，无竹令人俗”。李渔对笋评价特别高，将笋比喻成蔬菜里的甘草，因为“同是必需之物，有此则诸味皆鲜”，既能医俗，亦能医瘦。

说起素食，豆腐是必不可少的一部分。中国是最早种植大豆的国家，也是最早制作豆腐的国家。豆腐的起源可以追溯到汉代，东汉墓中的石刻壁画中有对制造豆腐的刻画，在唐朝之后豆腐的制作工艺突飞猛进，成为餐桌上不可或缺的传统美食，生熟都可以食用，低脂养生。

豆腐鲜货制品包括南豆腐、北豆腐、老豆腐、嫩豆腐、板豆腐、圆豆腐、豆腐干、豆腐皮、豆腐脑、水豆腐、冻豆腐、包子豆腐等。豆腐的发酵制品则包括臭豆腐、腐乳、长毛豆腐等。

《物原》记载，豆腐是汉高祖刘邦的孙子淮南王刘安发明的。他曾经在八公山上烧药炼丹，为求长生不老，偶然用豆子和水制成了豆浆，后来不小心加入了石膏，机缘巧合之下发明出了豆腐。

当时淮河流域的农民也会把豆子用水浸泡后，用石制水磨将豆子磨成糊状，再摊成煎饼或者自制成豆浆，因此出现了各种加工豆子的方法。而刘安召集农民，改进制作豆腐的工艺，后来采用石膏或盐卤作为凝结剂，制作出了光洁白嫩的细豆腐。由于豆腐的起源地在淮南，如今淮南每年都会举办“豆腐文化节”呢。

也有传说道，由于刘安谋反，十恶不赦，做豆腐的人不想承认刘安是发明者，所以也有说法称豆腐是乐毅和关羽发明出来的。毕竟“世间有三苦，撑船、打铁、卖豆腐”，豆腐行业属于非常辛苦的行业，所以更愿意把关羽奉为祖师爷，口口相传，做起来也开心。

唐朝时期，制作豆腐的技术成熟起来，凝固性和口感大有提高。鉴真东渡，将豆腐传到了日本。

人们的生活从此离不开豆腐了，家常便饭需要豆腐，满汉全席也不能没有豆腐。在那些简朴而又正式的宴席上，豆腐更是不可或缺。旧时的丧俗也是以素菜和豆腐为主，它的颜色之白也和丧事相呼应。因而古时候吊唁吃饭也被称为“吃豆腐”，和现在的说法含义可是大相径庭了。

宋朝时期，遍地都是豆腐作坊，尤其是登泰山去拜佛游玩的人们，都会去尝尝大名远扬的泰安豆腐。

泰安城里有很多豆腐作坊，夜间全城都在磨豆子，满城飘香。而安徽的八公山豆腐、湖北的黄州豆腐、福建的上杭豆腐、河北正定府的豆腐脑、广西桂林的腐竹，还有浙江绍兴的腐乳，都是非常有名的。

《吕氏春秋》中曾说：“肥肉厚酒，务以相强，命之曰烂肠之食。”可见古人认为肉固然重要，但不宜多食。

【本章参考文献】

《宋人轶事汇编》《赠虞十五司马》《江湖集》《江湖续集》《江湖后集》《邵氏闻见录》《彩楼记》《太平广记》《清异录》《东京梦华录》《梦粱录》《燕翼贻谋录》《茶余客话》《上庠录》《儒林外史》《红楼梦》《节夫帖》《大观茶论》《克斋集》《挥麈录》《墨庄漫录》《事物纪原》《稗官小说》《祭法》《晋书》《黄帝内经》《千金要方》《韩非子》《礼记》《诗经》《山家清供》《随园食单》《素食说略》《闲情偶记》《本草纲目》《物原》《吕氏春秋》

臭臭的美味

据说，豆腐是西汉时期的淮南王刘安发明的，他喜好道术，一直琢磨着如何长生不老，他不惜重金招揽方士，在如今的八公山上炼丹著书。他和身边的八位方士共同编写出了一部名为《淮南子》的著作。发明豆腐也是无意的，他误将豆汁和石膏混合，形成了软嫩鲜滑的豆腐。

刘安发明出豆腐之后，还教给了八公山附近的村民，做豆腐的人越来越多，不但自己吃，还卖给慕名而来的外地人，当地成了如今名副其实的“豆腐之乡”。

据说豆腐的一部分失败品腐败发酵形成了臭豆腐乳，也有说

刘安
淮南子
第129次
实验失败
给我一块！
给我一块！给我一块！别挤！
还是那熟悉的味道！

法说是落榜考生王致和因为不善经营，导致豆腐腐败，误打误撞发明了如今的臭豆腐乳。虽然闻着臭，但是吃进嘴里却有一种异香，就连慈禧太后也赐名“青方”，对其喜爱有加。

我们日常所吃到的炸臭豆腐，则另有一个传说，明太祖朱元璋还不是皇帝的时候曾经历过一段艰难的岁月，食不果腹的时候他将坏掉的豆腐放在油锅里炸，竟然非常好吃，从而流传至今。

其实不光是中国人，很多国家都有这样臭臭的美味。比如丹麦的蓝纹奶酪，瑞典的鲱鱼罐头，还有爱斯基摩人的臭海燕，等等。

那么，为什么大家都对这种气味不好的食物情有独钟呢？曾经有科学家解释道，因为人类在远古时代，食物并不充足，即使食物有所腐败，人们为了生存也会吃下去，而且适度发酵能让蛋白质分解为氨基酸，更容易被人体所消化吸收。比如臭豆腐，虽然闻起来臭臭的，其实营养非常丰富，对身体很好呢！所以，食臭是潜藏在人类基因里的记忆，真的是非常神奇！

第五章　火锅烤串文化大揭秘

壹

《老残游记》中写道："端上饭来，是一碗鱼，一碗羊肉，两碗素菜，四个碟子，一个火锅，两壶酒。"

火锅火锅，就是用火来烧锅，在沸水里面涮肉。

火锅历史悠久，种类繁多，现在有老北京铜锅、重庆火锅、潮汕火锅等，还有在室町时代传入日本的名为寿喜烧的火锅。

火锅方便快捷，老少皆宜，在现代社会广受欢迎，在古代也是一样。作为中华民族的传统美食，火锅是平民百姓乃至帝王勋爵的挚爱。火锅在历史上可以分为三种：一种是边煮边涮生肉的；一种是为锅里面已经做熟了的肉来保温，再加入青菜的，比如砂锅鱼头和羊肉炉；还有一种是纯保温的大锅菜。

火锅的起源最早追溯到四千多年前的新石器时代。南京高淳区固城镇的朝墩头遗址中，出土的四足双层方陶鼎便算是陶质火锅，类似于河南龙山文化的产物，可以看出它的双层结构下面点火，上面煮熟食物做羹来吃。看来远古时期的人类，已经知道吃煮熟的美味了。

商代的火锅名为盘鼎，鼎下有托盘，用于盛放炭火，鼎内盛放食物，这种青铜鼎一半是炊器，一半是盛器。盘鼎也被称为灶鼎，江西省曾出土过一个方鼎，鼎四周环绕着兽面纹，纵向还有共目夔纹，图案简单，线条宽而平展。鼎的腹腔设有内底，内外底之间有夹层，其中盛放炭火，像炉灶一样保持食物的温度。

盘鼎一直流传至西周，西周时期的“井姬独柱带盘鼎”就是当时的小火锅，也是青铜所制。它圆鼎鼓腹，底部中央有一圆柱鼎足，立在一个三足盘上面，底部的盘子里面可以放炭，煮食汤羹，保温菜肴。这种盘鼎可以算是火锅的雏形，但是从鼎的容量看，即使装满菜也只够一人享用，可见在当时的分餐制下，王公贵族们已经流行吃单人自助小火锅了。

战国时期的火锅以陶罐或者铜器制造，被称为鼎鼎。鼎鼎可以调五味，也就是可以将不同的食物味道相融合，做出鲜美的佳肴。

在山西发现的战国时期的秦墓当中，出土了青铜鼎、青铜钟和漆器。这就是战国的火锅铜鼎，而这铜鼎里面居然还有骨头汤。当时的火锅被称为温炉。咸阳曾出土过战国后期魏国器具，名为“脩武府”的青铜温炉，分上下两层，和现在的火锅一样，下面放炭火烧热，上面盛放食物，可见当时秦国人和魏国人都会吃火锅。“钟鸣鼎食之家”指的是富贵人家，由于当时制造火锅器皿的金属都属于贵重物品，只有王公贵族才能吃到，寻常人家并不能吃到火锅这等美食。

先秦时期人们的烹饪方法多种多样，有直接制作生冷食物，也有烹煮、燔炙等加热的方法。“熬”近似于干煎，就是用慢火煸去水分来烹煮，制成肉脯，再放入染杯中蘸上调料来吃。

之前只有分餐制形式的“小火锅”，汉朝之后开始盛行分格鼎，它是现代鸳鸯火锅的前身，这样将烧煮空间分开之后，不会串味。汉代的火锅被称为锥斗。

西汉时期的青铜染炉和染杯，加上铜鼎、铜勺、铜甗、铜釜、漆盘和漆耳杯，就是当时的火锅全套装备了。染炉的结构包含三个部分，有炭炉，有盛食物的小锅，还有放炭火的盘。

“染”是调味品的意思。《周礼·天官·膳夫》里记载，王食用的酱料种类有一百二十种。《吕氏春秋·当务篇》里说，齐国勇士吃肉“具染而已”，意思就是吃肉的时候，一定要配上酱料才美味。随着汉朝香菜、葱等调味品传入中原地区，火锅蘸料的配方也愈发丰富。

在南昌西汉的海昏侯墓中，有一文物青铜“斗”，指的就是铜火锅。西汉火锅种类繁多，中山靖王刘胜喜爱“铁暖炉”，江都王刘非用过“青铜染炉”和鸳鸯火锅“分格鼎”。东汉流行三格火锅。

刘非是汉景帝的五皇子，在吴楚七国之乱中立下赫赫战功，打败了吴军令。汉景帝封他为江都王，之后董仲舒也入了他麾下。

刘非是个不折不扣的吃货，按理说淮扬菜应该是以清淡的河鲜为主，但他的陵墓中出土了一个三足青铜鼎，分为五个格子，也被称为五格濡鼎，有炉子，还有配套的染器来放调料，可见是一个爱吃火锅的人。

《韩诗外传》里记录，古代每逢祭祀或庆典，都会“击钟列鼎”而食，就是大家围坐在鼎的周围，分别放入牛羊肉涮着来吃。可见在汉代就流行吃火锅了，这样可以同时品味多种菜肴。除了青铜制的火锅，还有铁火锅、陶火锅等等。

《三国志》记载："魏国初建，为大理，迁相国。文帝在东宫，赐繇五熟釜。"曹丕代汉称帝的时候，对美食就很有研究。他所使用的五熟釜，可以同时煮多种食物。这里所说的五熟釜正是鸳鸯锅的前身，就像如今的九宫格火锅一样。在当时只有宫廷才能用其吃饭，因此曹丕将五熟釜赐给名臣钟繇作为赏赐。

魏晋南北朝时期，火锅又名通鼎，和现代的炭炉火锅无异。东晋的陶渊明还发明出了菊花火锅，往火锅中投入菊花来解油腻。

我国素有食用鲜花的习惯，像鲜花饼、酥炸牡丹。火锅加入菊花后，变得清淡解馋，后来成了文人骚客的最爱，连慈禧太后也对其赞不绝口。慈禧本来就喜欢菊花，御花园和圆明园栽种了几千盆名贵的菊花，既可用作观赏，又可泡茶沐浴，入药入膳。

《御香缥缈录》里说，慈禧用的是一种特别的白菊花，名为雪球，花瓣干净浓密，便于清洗煮食。食用之前，先将花瓣拆散之后在温水里浸泡，沥干水分后放在一旁，等吃的时候再放入盛好肉汤的银制小火锅中，涮肉涮鱼，蘸着各种调味酱料吃，味道鲜美，还赏心悦目。

光绪年间的举人徐珂曾撰文描述："京师冬日，酒家沽饮，案辄有一小釜，沃汤其中，炽火于下，盘置鸡鱼羊豕之肉片，俾客自投之，俟熟而食。有杂以菊花瓣者，曰菊花火锅，宜于小酌，以各物皆生切而为丝为片，故曰生火锅。”说明菊花火锅在民间也十分流行。

白居易《问刘十九》“绿蚁新醅酒，红泥小火炉”一句中的“小火炉”，就是一种小火锅，是用陶烧成的暖锅，专门用来温酒和热菜。唐朝的富贵子弟，家里都会备着火锅，不管是自己吃还是宴请宾客，都非常体面。

宋朝时的火锅已经平民化了，北宋时代汴京开封的餐厅里，都有火锅。当时在黄河流域一带有“暖炉”的风俗。《东京梦华录》中记载：“十月朔，有司进暖炉炭，民间皆置酒作暖炉会。”农历十月初一时，家家户户都会举办“暖炉会”，像过年一样围着吃火锅、烤肉，饮酒作乐。在寒冷的冬日里，热气腾腾，非常热闹。

林洪的《山家清供》里记录了兔肉火锅。他在武夷山游玩之时，在雪地里抓到一只兔子，就自己烹制了。“师云：‘山间只用薄批，酒、酱、椒料沃之。’以风炉安桌上，用水半铫，候汤响一杯后，各分以筋（箸），令自筴入汤摆熟，啖之，乃随宜各以汁供之”，且此法“猪羊皆可”。

“薄批”就是切成薄片的兔肉，“沃”指的是腌制。这里说的是有客人突然来访，山间没什么特别好吃的，所以主人准备了桌子、风炉、火锅，把兔肉切成薄片，用料酒、酱油和花椒腌制之后，放入到煮沸水的小锅中，再用酒、酱、椒、桂调制成调料，蘸料而食。“摆熟”一词，指的是用筷子夹着薄片肉，在沸水里涮的场景。

汤汁白如雪，兔肉红如晚霞。林洪开心地做了一首诗：“浪涌晴江雪，风翻晚照霞。日忆山中味，多忘贵客家。”于是，兔肉火锅有了一个文艺的名字“拨霞供”。

元、明、清之后，火锅就和我们如今在餐厅里吃到的相似了。

元朝时期，火锅被北方的游牧民族看中，成了元世祖忽必烈的心头好，传说“涮羊肉”就是他起的名字。这是因为有一年冬天，身为统帅的他想吃羊肉，但是炖的话肯定要花很长时间。厨子绞尽脑汁，想出一个方法，就是将羊肉切成薄片，放入沸水中烫熟，再加上调味料蘸着吃！忽必烈打了胜仗之后，也爱上了这道菜，赐名为“涮羊肉”。

明朝文学家杨慎和父亲杨廷和参加弘治皇帝在御花园设的宴席时，也吃过火锅。看着木炭，弘治皇帝说了一上联：“炭黑火红灰似雪。”众臣对不上来，杨慎却对了上来，说：“谷黄米白饭如霜。”弘治皇帝很高兴，当场赐酒。可见明朝时，火锅同样盛行。

朱元璋比较节俭，所以明朝的火锅器具比较简单，一般就是用做工精细的银火锅。据说朱元璋发明了“风羊火锅”。“风羊”指的是进冬宰羊，风干半月到一月后才吃的羊肉。这种羊肉油而酥，味道鲜美，涮火锅的时候加上肉和酱料，或者放入馓子或面条都极为美味。

明朝时大航海时代开启，外来美食和各种调料丰富了火锅料理。作为宫廷御膳，明朝人对待火锅的态度是能吃的都涮起来!

清朝时期火锅风靡全国，不论是民间还是在皇宫中，都深受欢迎。连清宫御膳食谱上都记载着用山雉等野味做“野味火锅”，说明火锅已经进入国宴了。这道菜现在在东北地区还有，主要是“以锡为之，分上下层，高不及尺，中以红铜为火筒着炭，汤沸时，煮一切肉脯、鸡、鱼，其味无不鲜美”。“富者兼备参、筋，佐以猪、羊、牛、鱼、鸡、鸭、山雉、虾、蟹等肉或食饺，或食火锅。”这里的野味，主要是东北地区大小兴安岭、长白山的特产，因为满人喜欢骑马狩猎，所以好吃的肯定离不开野味。

《旧都百话》记载：“羊肉锅子，为岁寒时最普通之美味，须于（与）羊肉馆食之。此等吃法，乃北方游牧遗风；加以研究进化而成为特别风味也。”一直到光绪年间，北京“东来顺”花了重金买通太监，才得到宫里涮羊肉的作料配方，宫中食谱流传到民间。正阳楼在当时也是一家涮肉的名店，如果在现代社会，肯定是必吃榜中的一员。

在宫中，火锅被唤为热锅，由陶瓷、纯银、银镀金、铜、锡、铁制成，有掐丝珐琅团花纹菱花式火锅和粉彩火锅等。清朝人不仅在乎吃，还在乎模样，所以火锅器具上面都会装饰花纹，做工精美。

清朝皇帝都喜欢吃火锅，例如乾隆，不管游玩到哪里，都要备着火锅。《宫女谈往录》里记载：“从十月十五起，每顿饭添锅子，有什锦锅、涮羊肉，东北的习惯爱将酸菜、血肠、白肉、白片鸡、切肚混在一起。我们吃这种锅子的时候多。”御膳里的火锅种类极为丰富，乾隆曾经连吃了三个月的火锅！乾隆的早膳是燕窝红白鸭子南鲜热锅，晚膳是燕窝鸭子热锅，翌日早膳是燕窝肥鸡鱼脍，晚膳是野鸡热锅，第三日第一个菜是炒鸡大炒肉炖酸菜热锅，晚膳是莲子八宝鸭子热锅。一个月里他能吃二十三种火锅，共计六十六次，鸡鸭火锅、舒意火锅、全羊火锅、黄羊片火锅、鹿肉火锅、豆腐素菜火锅，应有尽有。

乾隆和嘉庆帝还曾经大设火锅千叟宴，邀请了五千多人，举办了一千多桌的火锅宴，在中国历史上堪称壮观，刷新了“火锅盛宴”的纪录。

清朝道光年间，重庆的麻辣火锅开始盛行，人们涮起了毛肚。有人说，毛肚起源于清朝末年，当时街头盛行卖“水八块”，指的就是便宜的牛的下水，包括毛肚、肝腰和牛血旺，切成薄片之后煮熟，淋上麻辣牛油卤汁，价格便宜不说，还相当美味。

也有人说，重庆的毛肚火锅起源于民国初期，牛贩子卖了牛之后，开了一家“水八块”的红汤毛肚火锅馆，生意红火。

清代进士严辰吟曾作诗“围炉聚炊欢呼处，百味消融小釜中”，众人围在一起的景象栩栩如生。热气腾腾的火锅流传至今，从最初的“一人食”到后来的大江南北都爱吃的“团圆餐”，久远的历史不仅创造了健康的美食，而且融入了家人朋友间的团聚之情和深厚之意。

贰

很多壁画之上都有烤肉的场景，可见自从古人学会了钻木取火，就有了烤肉。《说文解字》里说：“炙，炮肉也。

从肉在火上。”这里的“炙”由“肉”和“火”两部分组成，指的就是用火烤肉烤串，算是人类发明出的最早食物之一。从北京周口店的遗址来看，我们原始时代的祖先就兴起吃烤肉了。伏羲被称为庖牺，指的就是第一个“用火烤熟兽肉的人”。

在发明出鼎、簋、甑这些可以蒸、煮的器具之前，大家都是直截了当地用火来烧烤。其实，“烧”和“烤”是不一样的。“烤”更像是加热，而“烧”是直接将食物放到火焰里，而一般直接用火烧的食物会变得炭黑。

《诗经·瓠叶》里说“有兔斯首，炮之燔之，君子有酒，酌言献之”，描述的就是古人在宴请宾客的时候，烧烤的场景。炙肉反复出现在《诗经》里，可见先民对它有多喜爱。

商周时期的烧烤方法开始成熟，有炮、燔和炙三种。炮指的是裹烧，顾名思义，就是用草帘或湿泥将食物包在其中用火烧，像叫花鸡一样。《后汉书·礼仪志上》记载“宰祝举火燔柴，火然，天子再拜”，其中的“燔”就是用火来烧烤。“炙”是串上肉之后，用火焰的温度加温，并不是直接放在火里烧，就像今时今日的烤串啦！

《食医心鉴》里记载吃烤肉可以作为食疗养生的方法。

《礼记》里面也记载了关于吃烤肉的各种礼仪，比如不能“毋嚃炙”，说的是不能狼吞虎咽或者塞一嘴肉，就像现在人吃饭咂巴嘴不礼貌一样。

从周朝到秦始皇一统天下，王宫和百姓吃的烧烤一般都是野味。当时的畜牧业并不发达，所以猪牛羊这种家畜很少见，一般都是吃烤野鸟和鱼。

孔子很爱吃肉，经常出去钓鱼和捕猎，飞鸟、野猪、兔子、小鹿等都不在话下。不过孔子“弋不射宿”，他不会射杀归巢休息的鸟类和带幼崽的哺乳动物，很有道德素养。

野味吃不完的话，可以做成烤肉或者肉酱。当时丝绸之路还没开通，中国还没有和西方国家开启交流和联系，辣椒、糖、胡椒都没有，人们只能吃纯咸的烤肉，或者干脆就吃什么味道也没有的烤肉。

两汉时期，烤肉愈发发达，各种烤炉也成为国家的御用之物。出土的文物画像上，有很多人一起吃烤肉的场景。烤肉不仅好吃，对于皇帝权贵们来说，吃烤肉还是地位的象征。东汉开国皇帝刘秀曾因为在烤肉中发现了一根头发，就怀疑有问题，差点杀了负责膳食的大官令陈正。

现代人吃炸鸡配啤酒，汉代时期的人也差不多，在上层社会流行“好酒配好肉”，比如刘邦就很喜欢吃烤鹿肝和烤牛肝。

汉代烤肉的方法，和现在没什么区别，都是串好肉，在炉子上边烤边翻动，也需要用扇子扇风。专门烤肉的扇子是圆角方形，在当时被称为“便面”。直到现在，新疆的维吾尔族烤肉的时候，还在用这样的款式，很可能是张骞出使西域之时流传过去的，到现在影响着各方民族的饮食习惯还有烹饪传统。

一幅汉代石头画像上，画着向西王母献烤肉串的情景，一个身材修长的羽人，恭敬地向西王母奉上烤串。按理说神仙是不贪恋凡尘间俗物的，但是烤串竟然被拿来当作祭品，可见当时人们对烤肉的钟爱。墓葬之中，还出土了一些肉串，它们作为随葬品一起下葬。

《搜神记》里面记录：“羌煮、貊炙，翟之食也。自太始以来，中国尚之。贵人富室，必畜其器，吉享嘉宾，皆以为先。”而《后汉书》里面也说：“羌胡见客，炙肉未熟，人人长跪前割之，血流指间，进之于固，固辄为啖，不秽贱之，是以爱之如父母也。”羌人最擅长于煮，貊人更喜欢炙，所以人称“羌煮貊炙”。当时的人还喜欢大块大块地烤猪肉来吃，一整块猪腿或者猪排烤一整天之后，切成薄片，蘸着调料来吃。

魏晋南北朝时期烧烤的工艺越来越好，对于用料、样式和调料都颇为关注。随着畜牧业的发展，农耕和养殖技术也迅猛发展。

《齐民要术》中“炙法”一篇，记载了炙豘、棒炙、腩炙、肚炙、跳丸炙、饼炙、筒炙、炙蚶、炙蛎等等多种烤肉的方法。其中捣炙法、衔炙法和现在烤串做法差不多，只不过食材以子鹅为主，等于是烤鹅肉串。

《隋书·王劭传》里记载：“温酒及炙肉，用石炭、柴火、竹火、草火、麻荄火，气味各不同。”用不同的火烤出来的肉，味道截然不同，所以烤鸭也会选择独特的木材，只有桃木烤出来的鸭才外酥里嫩、香脆好吃。当时的烧烤品种也很丰富，有无心炙、逍遥炙、灵消炙、天脔炙、蛤蜊炙、蝤蛑炙、驼峰炙、牛炙、鹅鸭炙、野鸭炙、浑炙犁牛、龙须炙、金铃炙、光明虾炙、升平炙等等。

唐朝有一个将军叫曲良翰，发明了烧烤驼峰，就是把驼峰切薄之后，加上各种香料烧烤制作，味道特别鲜美。

《食医心鉴》说，烧烤可以用作食疗，能调理身体，养生治病，不像现代烧烤，被贴上了“垃圾食品”的标签。比如根据食谱精心烹饪出来的野猪肉炙、鳗鲡鱼炙、鸳鸯炙、鹁鸽炙，居然可以用来治疗痔疮。这是因为古人烧烤的时候用的食材、燃料、工艺都和今日的大相径庭，用木质的燃料可以将肉烤得外焦里嫩，方便消化，而且营养也不会流失。

《东京梦华录》里记载了流行在北宋东京的“烧臆子”，是当时的一道名菜。这里的“臆”指的是胸，臆子就是烤出来的胸叉肉。清朝光绪年间，淇县衙门给慈禧准备的御膳里也有烧臆子这道菜，由开封名厨世家的陈永祥专门烤制，烧臆子是他的家传名菜之一。

“炙子骨头”是《东京梦华录》中记录的北宋名菜，在当时盛极一时。这道菜是当时著名的宫廷御膳，用羊肋肉或者猪肋肉研制而成，用木炭炉火烧烤，肉熟了之后红润鲜美，肥而不腻。当时的“天宁节”就是宋徽宗的寿辰，这个时候会宴请众臣，这炙子骨头就是第二道下酒菜。南宋末年在宋度宗为皇太后设的寿宴上，炙子骨头也被端上了餐桌，是当时的传统御馔。

宋元时期的食材更加多样化，烧烤更是入冬后的暖炉会的必吃项目。《岁时广记》里记载：“京人十月朔沃酒，及炙脔肉于炉中，围坐饮啗，谓之暖炉。”《梦粱录》里记录的烧烤食品有十余种，烹饪方法也变得更加多元化。

元朝皇室是草原民族，本身就喜好烤肉，朝廷的宴会更是以肥羊烤肉为主。烤全羊是御膳最重要的一部分，皮酥肉嫩，色香味俱全，不论是皇家盛宴或者是祭祀典礼，都可以看到烤肉的身影。

《清稗类钞》里也记录了蒙古人的饮食习惯，一日三餐有乳茶和肉。他们烤肉之前会先用清水煮一下肉，烤完了切片，撒上盐，配着大蒜来吃。

明清时代，烤肉从来没离开过人们的视线，这个时候大家开始吃孜然和辣椒面了。《乡言解颐》里介绍了中原地区的吃法：将肋肉放在铁奁上烧烤，将油脂烤出之后，外酥里嫩。《晏林子》曾写过温酒烤肉，用石炭柴火或者竹火草火做燃料，烤出来不同的味道，令人垂涎欲滴。

《红楼梦》第四十九回“琉璃世界白雪红梅，脂粉香娃割腥啖膻”，描写了大观园里面烧烤鹿肉的场景，当时贾宝玉和史湘云在芦雪庵烤鹿肉，遇到了探春、宝钗、宝琴等。

清朝时，御膳房有专门为皇帝烤猪和烤鸭的“包哈局”。“包哈”是满语，意思是下酒菜。康熙年间，北京大街小巷上都有卖烤肉的，当时烤肉成为宴请宾客的大菜之一。满汉大席里烧烤席是必不可少的一部分，烧小猪、哈尔巴肉、烧鸭、烧鸡、烧肝等应有尽有。

大家都知道“脍炙人口”这个成语，表示受人喜爱，受人称赞。“脍炙人口”里的“脍”表示的是切得很细的肉，而“炙”就是烤肉了。受人喜爱的事物被口口相传，脍炙人口这个成语可以说表达得非常贴切形象。既然肉要烤熟了趁热吃，那冷炙代表的就是没人喜欢的冷肉，比如残杯冷炙这个成语。

【本章参考文献】

《老残游记》《周礼》《吕氏春秋》《韩诗外传》《三国志》《御香缥缈录》《东京梦华录》《山家清供》《旧都百话》《宫女谈往录》《说文解字》《诗经》《后汉书》《食医心鉴》《礼记》《搜神记》《东观汉记》《齐民要术》《隋书》《岁时广记》《梦粱录》《清稗类钞》《乡言解颐》《草珠一串》《红楼梦》《都门杂咏》《桐桥倚棹录》《明宫史》

吃货日报

号外号外，大家快来看看古代的烧烤文物都有哪些！

战国龙形方炉

青铜材质，四方形，炉上方中间有一个大圆孔，用来放置炊具；炉四个边角有双足，像小兽的脚一样；四面炉壁都有一个耳朵样儿的小圆环。这就是烤

炉的雏形了，同时可以当暖炉，有给食物保温的用途。

西汉上林方炉

铁质，长方形，分为上下两层。上层是长槽形炉身，其底部有数条条形的镂孔，模样形同箅子；下层为浅盘式四足底座。使用方法和现在的北京烤肉、韩国烧烤用箅子烤生肉的方法差不多。

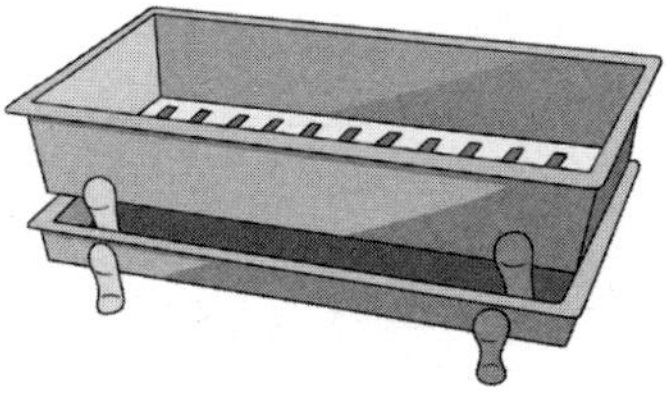

东汉绿釉陶烤炉

陶质，长方形，外形跟现代的烧烤炉差不多，炉身涂有绿釉。炉上架着两根“铁钎”，各穿了四只蝉，蝉眼、蝉翼经过千年岁月，仍然清晰可辨。它是迄今以来发现的最早的陶质烤炉。

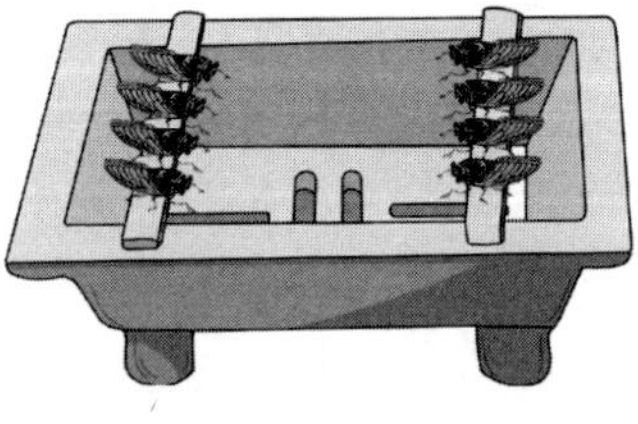

卷二

喝

第一章　困了累了，就来一杯茶

壹

我国饮茶的历史有几千年之久，唐朝的陆羽被誉为茶圣，他撰写的《茶经》是世界上第一部茶叶专著，记录了茶叶的药效和种类，《神异记》和《续搜神记》里也记载过爱喝茶的神仙道士和奇人怪事，可见茶叶在中国从古至今都很重要。

王安石在《议茶法》里记录："夫茶之为民用，等于米盐，不可一日以无。"北宋时期，茶叶已经成为汴京居民的日常消费品。

北宋汴京市场上卖的茶叶分为两种：片茶和散茶。片茶卖得最多，就是团饼茶。而散茶也被称为页茶，在干燥处理加工过后，茶叶的叶子形态并不会发生改变。当时还有各种斗茶比赛，比较茶叶的品质，以分出胜负。

梅尧臣在《次韵和永叔尝新茶杂言》中写道：“自从陆羽生人间，人间相学事春茶。当时采摘未甚盛，或有高士烧竹煮泉为世夸。”还提到斗茶的“斗色斗浮”。蔡襄的《茶录》和宋徽宗的《大观茶论》中有记载，斗茶的官方标准是茶品以“茶新为贵”，且“水以活为上”。

东京汴梁经济繁荣，饮茶之风流行，商业性的茶馆成了大家消遣娱乐的重要场地。当时有固定摊位的茶馆，还有流动的茶摊。《东京梦华录》里记载：“夜市直至三更尽，才五更又复开张……至三更，方有提瓶卖茶者。”

茶树原产于中国，而中国人也是最早发现这种植物的，茶叶后来在东方各地区传播开来。茶叶的生产和贸易，一直流传到朝鲜、日本以及中亚、西亚地带。

《诗经》里面记载，“茶”泛指有苦味的野生植物，有止渴消食、提神醒脑的药性。《竺国游记》里面说“番民以茶为生，缺之必病”，巴蜀人饮食习俗偏辣，所以需要喝茶来除瘴气，解热毒，久而久之就形成了饮茶的文化。

六朝以前，茶树产于中国南方，被称为“嘉木”。据说，巴蜀地带是最早出现茶文化的。清朝顾炎武在《日知录》里评价道："自秦人取蜀而后，始有茗饮之事。"说的是饮茶文化源自巴蜀地区，在秦始皇一统天下之后开始传播开来。也有"茶之为饮，发乎神农"的说法。至于巴蜀之地的上古人类是什么时候开始饮茶的，史学界有着不同说法。有人认为是在西周，还有认为从战国时期开始。

在殷商末年，巴蜀和周围地区都曾参与周武王组织的诸侯联军当中，共同反对暴虐的纣王。周武王胜利之后，巴蜀地带便成了西周的属国，每年上贡的物品中就包含了茶叶和蜂蜜等土特产，也被称之为土贡。贡茶，顾名思义，是专门进贡的茶叶。由此可见，当时巴蜀地区已经开始种茶。

西汉时期饮茶文化和茶叶贸易已经形成，尤其是在有钱人家，还有泡茶的专门器具。当时茶叶已经商品化，武阳是当时中国最早的茶叶交易中心，位于现在的成都附近。

西晋时期，南方种茶树的规模越来越大，随着南北交流频繁，北方地区也开始饮茶了。西晋将领刘琨写给侄子的《与兄子南州刺史演书》中说："前得安州干茶二斤，姜二斤，桂一斤，皆所湏（须）也。吾体中烦闷，恒假真茶，汝可信。信致之。"当时茶的贸易繁荣到买茶还要防止买到假茶的程度。

《茶经》记载："婴相齐景公时，食脱粟之饭，炙三戈、五卯、茗菜而已。”当时的茶叶甚至像饭菜一样，端上了人们的餐桌。

西晋时期统治阶级以夸豪斗富为荣，奢侈腐败的生活之风导致了国家的灭亡。当时流行哲学和玄学，各方名士喝酒吃肉，高谈阔论。后来永嘉之乱，少数民族进入中原地区，晋朝开始以史为鉴，倡导勤俭朴素。茶叶就成了富家子弟展示自己生活节俭朴素的用品。饮茶这种清心寡欲的风气逐渐流行开来。

以茶待客，成为古人表现高尚情操和修养的一种行为。

隋朝统一全国，随着南北运河的开通，经济得以进一步发展，其中就包含了茶叶的贸易。明朝顾元庆《茶谱》里面记录过隋朝僧人给皇帝进献茶叶的事迹。当时隋文帝头痛，喝了茶之后很有效，因此茶叶得到了隋朝皇室的喜欢。

唐朝时期，茶成了百姓们喜欢的饮料，从中原流传到了少数民族地区，也开始纳入政府收税的商品当中。

唐朝中期之后，茶叶的生产链、销量、种类，可以说和中国近代的规模差不多了，西南和西北少数民族可以分分钟喝到茶。不只是茶的产量大幅度提高，制茶技术也达到了当时的最高水平。因此，如果说我国六朝时期茶叶生产中心开始东移的话，那么至唐代中后期，我国茶叶生产和技术的中心，便转移到了长江的中下游。

唐朝时期有专门的官府培育贡茶。当时的贡茶主要是饼茶，根据《茶经》里面描述的，蒸青团饼茶的技术包括蒸茶、解块、捣茶、装模、拍压、出模、列茶、晾干、穿孔、解茶、贯茶、烘焙、成穿、封茶等很多烦琐的步骤。

唐朝吴兴太守张文规写的《湖州焙贡新茶》里面，描写过贡焙新茶“顾渚紫笋”送往长安的场景：皇上乘车寻春，喝得酩酊大醉，最后恰逢宫娥捧着香茗进来，笑着说紫笋贡茶到了。

《封氏闻见记》里面说，唐朝自开元以后，“自邹、齐、沧、棣渐至京邑，城市多开店铺，煎茶卖之”。当时主要还是南方来生产茶叶，再和北方还有其他地区进行买卖。南方茶区的茶市为了满足消费需求，便需要各种水陆交通。杜牧的《入茶山下题水口草市》里描述：“倚溪侵岭多高树，夸酒书旗有小楼。惊起鸳鸯岂无恨，一双飞去却回头。”说的就是顾渚汇入太源河道中的出水口，这里曾经寸草不生，后来随着交通经济的发展，酒肆茶楼渐渐多了起来。

皎然的《顾渚行寄裴方舟》写道：“尧市人稀紫笋多，紫笋青芽谁得识。”这里的“尧市”指的是茶叶市场，专门负责收购和运输茶叶。而许浑的《送人归吴兴》中说：“绿水棹云月，洞庭归路长，春桥悬酒幔，夜栅集茶樯。”其中“茶樯”说的就是载有茶叶的船只。洞庭湖两岸的茶船来来往往，显现出茶商生意兴隆，日夜不停歇。

随着茶叶贸易市场繁荣，出现了一些私贩茶叶的人，他们用赃物换茶叶，当时在茶叶上，政府税收并不低。这些不正当的贸易，体现了茶叶的需求高、利润大。

西北少数民族地区的茶叶贸易，主要还是从唐朝开始的。从使者来往，到商贩贸易，开始了以茶易马的茶马交易。《唐国史补》中记载，当时各地的少数民族都以茶叶为贵。唐朝的名茶，吐蕃只有统治者和上流阶层才能拥有，普通老百姓只能从茶商那里买到一些粗茶。

从唐朝开始，茶叶风靡全国，不分地域和民族差异。

在陆羽撰写《茶经》之后，茶具、泡茶方式等方面得到了重视。在此之前，人们喝茶所用的就是普通吃饭的餐具，后来经济条件好的人家专门设立了待客的房间和饮茶的地方，这才有了茶碗或茶瓯。

杜育的《荈赋》中有关于茶具的描述：“水则岷方之注，挹彼清流；器择陶简，出自东隅；酌之以匏，取式公刘。”可见在晋代就有茶具了，只是在唐朝之后整套的茶器才算是发展得比较完善。陆羽在《茶经》中写了二十八种烹饮茶叶的茶具，适合不同的场合。茶具在唐朝发展迅速，也有了专业的生产流程和制造商。

古人经常以茶会友，举办各种诗词宴会，敬人以茶，待人以礼。皎然的《晦夜李待御萼宅集招潘述汤衡海上人饮茶赋》里吟诵："晦夜不生月，琴轩犹为开；墙东隐者在，淇上逸僧来；茗爱传花饮，诗看卷素裁；风流高此会，晚景屡徘徊。"这应该是茶道和茶会最初的模样了，就像现在社会大家一起喝下午茶，古人的情调也差不多，他们一边品尝着名茶的色香味，一边作诗绘画，畅谈人生。

中国的茶道对日本有着深厚的影响，日本茶道讲究"和、清、敬、寂"，和盛唐时期非常相近。白居易有诗："况兹孟夏月，清和好时节。微风吹袂衣，不寒复不热。移榻树阴下，竟日何所为。或饮一瓯茗，或吟两句诗。内无忧患迫，外无职役羁。此日不自适，何时是适时？"所形容的就是"和、清、敬、寂"的情景。

贞观之治之后，唐朝国力昌盛，发达的经济和文化是促进茶叶消费的一大原因。除了南北交流和民族之间的互动，诗词歌赋和宗教也对茶道文化影响颇深。

在唐朝，武则天时期特别注重佛教的发展，曾经在长安建造"明堂"和"天堂"，放置大佛以作祈福之用。杜荀鹤在《题德玄上人院》里面写道：“刳得心来忙处闲，闲中方寸阔于天。浮生自是无空性，长寿何曾有百年。罢定磬敲松罅月，解眠茶煮石根泉。我虽未似师披衲，此理同师悟了然。”当时佛教和道教都推行清淡饮食和烹饪美茶，修身养性，所以宗教的推行大大促进了茶叶的发展。

唐朝时气候属于历史上的温暖期，连海州都可以栽培茶树，所以茶叶贸易在唐朝能够兴起，也有一部分气候的原因。天时地利人和，唐朝时期茶叶生产得以迅猛发展。

到了宋朝，茶叶不仅风靡全国，生产也开始多样化，从最初的紧压茶，到末茶、散茶，种类繁多。因为气候变冷的原因，之前生产茶叶的宜兴、长兴等地春茶树萌芽时间推迟，茶叶生产的重心开始向东南迁移，这样才能保证献给皇帝的贡焙茶在清明前送达都城汴京。

欧阳修曾评价建安的茶叶：“建安三千里，京师三月尝新茶。”可见当时的贡茶三月就可以送到京师。贡焙茶既然是给皇帝的，质量和口味的要求就非常高，制作工艺也要求精益求精。最初的贡品茶有龙凤茶、大团茶、石乳、的乳、白乳，还有饼状茶、白茶等等。

宋朝时流行斗茶，斗的不仅仅是茶叶，还有茶具。梅尧臣和欧阳修诗道“兔毛紫盏自相称，清泉不必求虾蟆”。苏辙《次韵李公择以惠泉答章子厚新茶二首》有诗句“蟹眼煎成声未老，兔毛倾看色尤宜”。这里的兔毛紫盏是当时很流行的茶具。

耶律楚材《湛然居士集》曾写过“积年不啜建溪茶，心窍黄尘塞五车。碧玉瓯中思雪浪，黄金碾畔忆雷芽”“玉杵和云舂素月，金刀带雨剪黄芽”“红炉石鼎烹团月，一碗和香吸碧霞”等诗句，这里提到的“碧玉瓯”“黄金碾”“玉杵”“红炉”“石鼎”都是唐宋时期的茶具。由于炙、碾、罗、煮过于复杂，在元朝时期逐渐被陶瓷茶具替代，只留下执壶用作贮汤冲泡，盏、碗、盖罐用作贮存。

刘禹锡的《西山兰若试茶歌》里写“自傍芳丛摘鹰嘴，斯须炒成满室香”，说的就是炒青和蒸青的制茶工艺。北宋初期的团茶将茶叶压成饼状之后，加工制作而成，工艺比较烦琐，所以技术一直在改革和创新当中。

团茶也叫片茶，而“蒸而不碎、碎而不拍”的蒸青和蒸青末茶是团茶工艺的改良版本，也被称为散茶，到元朝之后更加流行。团茶和散茶的发展相辅相成，王祯《农书》里曾介绍蒸青采集茶叶的方法：“采之宜早，率以清明谷雨前者为佳……采讫，以甑微蒸，生熟得所；蒸已，用筐箔薄摊，乘湿略揉之，入焙匀布火，焙令干，勿使焦。编竹为焙，裹箬覆之，以收火气。”欧阳修在《归田录》里记载：“腊茶出于建剑，草茶盛于两浙，两浙之品，日注为第一。自景祐以后，洪州双井白芽渐盛，近岁制作尤精……其品远出日注上，遂为草茶第一。”北宋初期，团茶也开始向散茶转化。

王祯《农书》里面记载了茗茶、末茶和腊茶三种茶叶。茗茶也称芽茶或叶茶，而末茶则是“先焙芽令燥，入磨细碾”制作而成。腊茶也称腊面茶，是将团茶焙干之后加工而成，表面用蜡状的液体封住，价格最贵而且制作起来最麻烦，所以“此品惟充贡献，民间罕见之”。

元朝人以肉食为主，需要以茶来帮助消化。叶子奇的《草木子》里面记录“民间止用江西末茶、各处叶茶”，百姓主要饮用的是叶茶和末茶，制作和烹饪手续都简化了，同时加入各种辅料，比如将花瓣和果干加入茶里，丰富了味道和芬芳。

元朝忽思慧的《饮膳正要》里面写过很多结合了中原和蒙古族饮茶习惯的新茶品种。比如《农书》里面记录过的末茶，《元历》里面提到过的“范殿帅茶”，《宣和北苑贡茶录》记载过的江西形似燕尾的“燕尾茶”，还有加入蒙古炒米的玉磨茶，用马思哥油、牛奶子、茶芽制成的炒茶，以及紫笋雀舌茶、川茶、藤茶、香茶、兰膏、西番茶等各种茶叶。

明清时期，叶茶和芽茶逐渐成为主流，茶叶的加工技术发展得越发娴熟。随着我国和西方的贸易变得频繁，中国的茶文化走向了世界。

散茶在宋朝也叫草茶，不加研膏，《续资治通鉴长编》提到的“小龙团”，就是散茶作为贡品的雏形。

《茶经》里记载：“眉州洪雅、昌阖、丹棱，其茶如蒙顶制茶饼法，其散者叶大而黄、味颇甘苦，亦片甲、蝉翼之次也。”这里的“片甲”和“蝉翼”都是当时最好的散茶，形状如芽叶。所以，明清的芽茶、叶茶，可以说是最早起源于草茶和散茶的流行。

明清时期，除了绿茶的发展之外，黑茶、花茶、青茶和红茶也开始兴起。虽然南宋前期就有茉莉花茶的制作技术了，但是花茶主要还是在明朝年间才流行起来的。

朱权的《茶谱》、钱椿年的《茶谱》中，记录了除了以茉莉花制茶之外，还有以木樨、玫瑰、蔷薇、兰蕙、菊、栀子、木香、梅花和莲花等制作花茶。当时还出现了半发酵的青茶，也就是现在的乌龙茶。

《茶经》里面说，唐朝之前种茶和种瓜一样，采取的是直接播种丛栽的方法，到明末清初时，有些地方开始采取育苗移栽和有性繁殖、压条繁殖的培育方法，为了一步步地孕育出茶的优良品种。这时不仅注重茶园建设，对于施肥、除草都非常讲究。

康熙年间，碧螺春是每年都会进贡的茶叶。康熙每天都要喝茶，而乾隆写了近二百首的关于茶的诗词。

乾隆将龙井封为贡茶，除此之外，还有洞庭湖名茶君山银针、福建崇安的乌龙茶大红袍、福建安溪的乌龙茶铁观音。据说是乾隆为后人留下的茶礼习俗：当主人为客人敬茶或者续水的时候，客人会轻点几下桌面以表谢意。当时乾隆南下苏州，微服私访，在一个小茶馆饮茶的时候，为侍卫斟茶。侍卫受宠若惊，又怕行君臣下跪之礼会暴露乾隆的身份，所以就用中指和食指弯曲在桌面轻叩几下，做出“双膝下跪”的模样叩谢圣恩。

丝绸之路让中国的茶叶传播到中亚、西亚地区，又在唐朝时期通过宗教交流传播到了日本和朝鲜。明末清初，欧洲也有过关于中国茶叶的文献记载，称之为“药草汁液”，是一种神奇的东方产物。荷兰东印度公司的船队是最早将茶叶运送到欧洲的，茶叶也自此逐渐成为中西贸易的主要物品。

茶产于中国的大好河山之中，不管是文人雅士、皇家子弟，还是道教佛教的僧侣都热爱品茗，以此为风雅之事。历史上也流传着各种赞颂茶道的诗词歌句，这些名人诗赋以茶助兴，将千年的饮茶文化传播开来。

5G
酉时
亲亲皇后
皇上南巡玩得可开心？
开心呢！西湖雨后的荷花格外美丽，朕拍了不少照片，待归来与皇后共赏。
太好啦！皇上今天去了哪里？
今天去了杭州百姓家喝茶了，我要了些龙井茶想在饭店里泡，不过他们似乎看到了我的龙袍一角，吓得他们直哆嗦。都怪我没有好好掩饰。
皇上真是说笑了，能有幸见到龙颜，那小店肯定蓬荜生辉。
是啊，他们不小心把龙井茶叶撒到了锅里，不过炒出来的虾仁味道还真是好。

贰

茶道始于中国，已有千年的历史。中国不仅茶叶的种类多，茶的烹饪方法及饮茶的器具也有很多种。

茶的烹饪方法分为煮茶、煎茶、点茶、泡茶四大种。“神农尝百草之滋味，一日而七十毒”，神农尝百草的传说中，茶叶是被当作药物的。

西汉王褒在《僮约》里说：“脍鱼炰鳖，烹茶尽具。”可见当时煮茶是待客必备的步骤。东晋郭璞的《尔雅》里说起茶：“树小似栀子，冬生，叶可煮作羹饮。”晚唐皮日休的《茶中杂咏》里面也提到茶：“然季疵以前称茗饮者，必浑以烹之，与夫瀹蔬而啜者无异也。”从汉代到唐朝，喝茶就跟喝粥一样，流行的是直接煮茶树的叶子，做成羹汤的形式。

汉代至魏晋南北朝时期，没有专门用来烹茶的茶具，需要将茶叶和其他配料加入冷水当中，长时间地煮，也有很多文人享受这个过程。

西晋杜毓的《荈赋》描写过煮茶汤的过程：“惟兹初成，沫沉华浮。焕若积雪，烨若春敷。”这个时候，茶沫下沉，汤向上浮动，像积雪一样透亮，如同春天的花瓣一样清香，喝了之后让人心旷神怡。

一直到唐朝之后，煎茶的工艺才开始完善起来。

陆羽《茶经·五之煮》里面记载，煎茶的过程有三“沸”：一沸的时候锅里的水开始翻滚，出现气泡；二沸的时候，舀出一瓢开水备用，同时需要搅拌，形成漩涡，并且将茶末放到中心；三沸的时候将二沸舀出的一瓢水倒回去，水停止沸腾，茶就煎好了。将茶汤表面的残末除去，剩下的放入茶盏中，就是美味的茶汤。刘禹锡在《西山兰若试茶歌》写的“骤雨松声入鼎来，白云满椀（碗）花徘徊”，皎然在《对陆迅饮天目山茶因寄元居士晟》里面写的“文火香偏胜，寒泉味转嘉。投铛涌作沫，着椀（碗）聚生花”，还有白居易在《睡后茶兴忆杨同州》里面写的“白瓷瓯甚洁，红炉炭方炽。沫下麹尘香，花浮鱼眼沸”，都是文人雅客的煎茶日常。

煮茶的时候，也可以根据个人口味加入葱、姜、枣、橘皮、茱萸、薄荷等。晚唐樊绰《蛮书》里记录：“茶出银生城界诸山，散收无采造法。蒙舍蛮以椒、姜、桂和烹而饮之。”可见不同地区的人，饮茶的时候，会根据习俗和喜好加入不同的调味品。

陆羽的《茶经》中也有关于喝茶器皿的记载。茶叶筛选后，放到茶盒里存放，茶盒的材质用竹子、木头好一些，尺寸也有相关规定："高三寸，盖一寸，底二寸，口径四寸。"

唐代的陶瓷行业被称为"北白南青"，指的是北方邢窑生产的白瓷和南方越窑生产的青瓷。陶瓷也是茶具的主要制作材料，瓷器可以防止茶饼及茶末变得潮湿。一般专门的茶盒底部会印有一个"茶"字，以表示它的用途。

卢纶的《新茶咏寄上西川相公二十三舅大夫二十舅》里面写过："三献蓬莱始一尝，日调金鼎阅芳香。贮之玉合才半饼，寄于阿连题数行。"这里的"玉盒"指的就是玉制的盒子，但古人一般会用玉来形容瓷器釉质的表面，所以说的也可能是像玉一样的瓷质容器。

"茶宴""茶会""汤社""茗社"，指的都是以茶会友。友人之间互相寄送新茶，是古人的一种社交方式。当然，咱们现在也依然流行选上好的茶叶当作送人的礼品，既高雅又有品位。唐朝文人对于团饼茶的包装很讲究，一般使用白纸或者白绢，多包几层。卢仝的《走笔谢孟谏议新茶》里写"口云谏议送书信，白绢斜封三道印"，说的就是用白绢包装的茶饼。

煮茶的时候，如果用的是旧年的团饼茶，需要缓火炙烤来恢复茶香，而这种团饼茶最好用"纸囊"包装。

唐代的茶宴分为三种：一是清饮，和朋友团聚，以茶代酒；

一种是宗教相关的茶宴；最后一种是品茶歌舞宴，一般是茶叶生产地举办的。

在唐肃宗年间，有专门品尝和审定贡茶的境会亭聚会，皇帝会派人专门去监督贡茶，所以它也是一年一度的国家茶宴。白居易曾在诗中描述茶宴的盛况：“遥闻境会茶山夜，珠翠歌钟俱绕身。盘下中分两州界，灯前合作一家春。”

茶商贸易在唐朝盛行，中原地区和西部地区之间往来颇深。西部地区由于先天条件和气候原因，人们吃的食物以牛羊肉和奶制品为主，容易造成消化问题。所以茶叶对于游牧民族很重要，他们没法种植茶树，只能选择从中原引进。茶叶好在不会因为运输路途长而变质，耐储存，所以当时形成了繁荣的“茶马互市”。

茶马古道有陕甘、陕康藏、滇藏这三条，连接川滇藏，到达不丹、尼泊尔、印度，一直抵达西亚、东非红海海岸。茶马古道不仅推动了各国物产的交流，更促进了各地文化的交流。

当时的官营茶叶量少且价格高，还要给国家交税，所以有很多人走私茶叶。因为茶叶低价且质量好，所以在游牧民族那里非常受欢迎。朝廷对走私的茶贩惩罚很重。《新唐书》里就有记载：“私鬻三犯皆三百斤，乃论死，长行群旅，茶虽少皆死；雇载三犯至五百斤，居舍侩保四犯至千斤者皆死；园户私鬻百斤以上杖背。三犯加重徭，伐园失业者，刺史县令以纵私盐论。”私自贩卖茶每次卖三百斤，三次以上就要处死，可见走私茶叶是多么重的罪啊！

虽然茶叶看起来没有马匹大，但对于游牧民族而言，有时茶比马重要。当时为了稳定边境，明朝时有“限制边茶以制之”这样的立法，通过茶马贸易来减少游牧民族在边境上的威胁。

到了宋朝，文人中有了专业的品茶人士，比如官员组成的“汤社”，还有佛教徒的“千人社”。宋太祖赵匡胤非常爱茶，在宫里特别设立了茶事机关，宫廷用茶开始划分等级。茶仪作为礼制，赐茶和茶宴已经是皇上和皇亲贵族、大臣使节之间沟通的重要礼仪。民间的茶文化更是盛行，搬家的时候邻居要“献茶”，客人来的时候喝“元宝茶”；订婚的时候则需要“下茶”，结婚时要“定茶”，同房的时候还要“合茶”。

无论什么茶，都需要合理地保存。蔡襄在《茶录》提过藏茶的方法：“茶宜箬叶而畏香药，喜温燥而忌湿冷。故收藏之家，以箬叶封裹入焙中，两三日一次，用火常如人体温，温则御湿润。若火多，则茶焦不可食。”藏茶也是有讲究的。

团饼茶一般是箬叶包裹，外面缠着棉麻丝带。

梅尧臣在《吕晋叔著作遗新茶》里也提到过箬叶包茶：“其赠几何多，六色十五饼。每饼包青蒻，红籤缠素苘。”现在很多茶叶，还是选择用箬叶包装，看来这种方法真的非常好用。

除了香箬之外，裹以纱囊，包装起来更好看。黄庭坚曾在《阮郎归》里写过：“青箬里，绛纱囊，品高闻外江。酒阑传盌（碗）舞红裳，都濡春味长。”这种用纱囊包装茶叶的方法很流行，欧阳修、王安石等人的诗句里都提到过这个方法。

只是，香箬和纱囊没有办法做到百分百密封，茶叶容易受潮或者变质，所以宋朝人又发明出茶奁和茶篚等漆器，像放化妆品一样放置茶叶。其中漆茶奁就是专门用来放茶叶的。陈著在《次韵鹿苑寺一览阁主岳松涧送茶》里面写过：“鹿苑书来字字香，满奁雀舌饷新尝。”这里的“雀舌”指的是散茶，可见不论是茶末还是散茶，在当时都可以用茶奁包装。

除此之外，还有茶篚。篚是比较小的盒子，也是当时常见的容器。茶罂是小口鼓腹的容器，通过僧人流传到日本后，演变成了放茶粉的“茶入”，刻花盖罐，非常有情调。

元朝、明朝时，茶宴中一般就不再使用唐宋时期的纸囊或纱囊包装了。为了不影响茶的味道，明朝的茶叶瓶、茶叶罐主要用紫砂、瓷器和锡罐制作而成，强调密封性。因为好茶的标准是要以青翠为胜，如果茶叶变色，“一变而绿，再变而黄，三变而黑，四变而白”，就容易导致“胃寒”。

所以明朝的人会用大瓷瓮来贮存茶叶，保证茶叶“乃久久如新，而不减香气”，在瓶子的密封口用青箬包装，来避免潮气。

明朝高濂的《遵生八笺》里面总结过“总贮茶器七具”，其中“品司”是以竹编而成的盒子，里面有好几层来放茶叶，就像是出游的时候带的便当一样，里面有茶罂、茶注、茶铫、小瓯、铜炉等烹茶必备的用具。也有人认为锡罐的密封性比紫砂罐更好，因为“夹口锡器贮茶者，更燥更密，盖磁坛犹有微罅透风，不如锡者坚固也”，所以明朝有各种各样的锡茶罐。

到了清朝，“上至朝廷燕享，下至接见宾客，皆先之以茶，品在酒醴（lǐ）之上”，装茶的容器和明朝差不太多，主要是茶叶罐和茶叶瓶，材质一般是瓷、陶、竹木、金属、漆等等，要求不多，造型好看，密封性要好，这两个达标就行。

【本章参考文献】

《茶经》《神异记》《续搜神记》《临川集》《宛陵集》《茶录》《大观茶论》《东京梦华录》《诗经》《竺国游记》《史记》《日知录》《憧

约》《郡国外夷考》《汉志》《华阳国志》《尚书》《广雅》《路史》《衡州图经》《三国志》《食经》《荈赋》《茶史》《晏子春秋》《齐民要术》《晋中兴书》《世说新语》《南齐书》《吴兴记》《茶谱》《封氏闻见记》《全唐诗》《全唐文》《膳夫经手录》《封氏闻见记》《元和郡县图志》《婺源诸县都制置新城记》《元和郡县图志》《茶山》《唐国史补》《茶鼎》《茶瓯》《东享茶宴》《鸡肋编》《大观茶论》《太平寰宇记》《清波杂志》《农书》《归田录》《草木子》《饮膳正要》《元历》《宣和北苑贡茶录》《韵语阳秋》《大学衍义补》《明旧志》《事物绀珠》《茶解》《物理小识》《御制诗集》《尔雅》《茶中杂咏》《贡茶古今》《睡后茶兴忆杨同州》《蛮书》《御史台记》《新唐书》《阮郎归》《遵生八笺》

名茶由来

太平猴魁

古代在黄山住着一对白毛猴，生下了一只小毛猴。有一天小毛猴子出去玩，在太平县碰巧遇到大雾就迷路了，再也没有回家。老毛猴急得不得了，出去找孩子未遂，最后病死了。恰巧有个老汉在山里采野茶与药材为生，他看到病死的老猴子，就将它埋了起来，并且在老猴子的墓前面放了几颗野茶和山花。这个时候老汉听到有个声音对他说：“老伯，谢谢您。您为我做的事情，我一定会好好感谢您的。”

老汉没把这个声音当回事儿，没想到第二年春天来到山岗采野茶的时候，整个山岗上都长满了绿油油的茶树，冥冥之中有个声音对他说：“这些茶树是我送给您的，愿您今后不再为吃穿而愁。”原来，这些茶树都是神猴所赐。老汉拥有了茶山，为了纪念神猴，把这片山岗叫作猴岗，把采集的茶叶叫作猴茶，也就是后来的太平猴魁。

大红袍

很久很久以前，有个穷秀才在上京赶考的路上经过武夷山，在生病的时候被天心庙的老方丈用茶叶救活。痊愈之后，秀才拜别老方丈，说日后一定会报恩。后来秀才金榜题名，中了状元，还做了驸马。他回到武夷山天心庙还愿，和方丈聊起来的时候，问起那救命的仙药。方丈却说那不是仙药，只是九龙窠的茶叶。状元觉得那是神茶，便和老方丈去九龙窠采集茶叶，加工后用小锡罐盛装带回京城。秀才回去之后遇到皇后重病，最后竟是用这茶汤救了皇后一命。皇上特别开心，御赐大红袍一件，让状元将其披在九龙窠的茶树上。此后，有人专门照顾这九龙窠茶树，每年都会进贡到朝廷，自此茶树得名为“大红袍”，茶叶也是贡品级别的。

正山小种

明末，政治动乱加剧。一日，有士兵进入福建省桐木关，住在一个茶厂里。当时工人正在加工绿茶，由于清军到来，工人没有按时完工，导致茶叶发酵，却意外地香气逼人，带有一种松烟香，茶汤的颜色也艳丽好看，后来得名为正山小种。

铁观音

清朝乾隆年间，安溪西坪上有一个茶农魏荫，制茶的手艺特别好，每天早上都会泡三杯茶，奉观音菩萨，十年没有断过。有一日，他梦见山崖上有一棵茶树，枝繁叶茂，芳香馥郁，没想到第二天果然在崖石上找到了一棵一模一样的茶树。他割下芽叶带回家中冲泡，茶的味道格外浓郁清爽。因为那棵茶树长得格外壮实，美如观音却重如铁，他觉得是观音托梦送给他的，因而这茶叶后来被称作“铁观音”。

普洱茶

乾隆年间普洱地区，濮家茶庄在制作贡茶的时候，将没有完全晒干的毛茶压成了饼，最后茶叶变成了褐色，没想到泡出来的茶汤颜色红而亮，格外香甜。后来普洱茶被正式列入贡茶的行列，在清代皇宫内有着“夏喝龙井、冬饮普洱”的传统。

第二章　给我来一杯奶茶，少放“盐”

壹

中国的饮茶文化有千年的历史，而奶茶的历史也不短哦！

茶叶起源于巴蜀之地，从秦汉到魏晋南北朝时期在中原地带流行开来，盛行于唐宋时期。那么奶是如何被传播开来的呢？早在原始时期的游牧民族，就有饮用牲畜奶汁的行为。饮乳文化是从牧区逐渐传入中原地区的，汉人早期并不喜欢喝奶。

乳制品文化的传播，可以说是从北到南，从西到东。

秦朝时期，中国被称为“华夷杂处、农牧分立”，游牧民族和汉族住在不同的地域。随着文化交流和沟通，茶叶和乳制品才传播开来。

因为乳糖不耐受的原因，很多人直接喝奶之后会肠胃不适，乳制品的运输和保存也比较困难，所以初期很少有文字记载汉人直接饮用新鲜牛乳，一般是加工之后来食用，并把奶制品当作是具有医用价值的食疗佳品。

南北朝贾思勰的《齐民要术》里有关于制作加工奶成为酥或酪的记载。虽然魏晋南北朝时期我国南北地区的人们都有食用奶制品的习惯，但是一直到现代改革开放之后，西方的乳文化才彻底改变了中国人对牛奶的看法。

古人虽然不喜欢直接饮用牛乳，却不代表大家不会“喝奶茶”。

中唐时期李繁的《邺侯祖传》里就有记录，唐德宗在煮茶的时候添加了发酵过的奶酥，奶沫翻滚，犹如琉璃眼一般。

陆羽《茶经》中记载，中原的汉人更喜欢“清饮”，喜欢品味茶的原汁原味，所以奶茶算是中国茶文化中的一个大胆尝试。

唐朝文成公主去西藏与松赞干布和亲，不仅促进了汉藏两个民族之间的文化和经济交流，还将茶叶带了过去。茶叶作为文成公主的嫁妆，成为西藏贵族的心头好，在当地便流行把茶叶和牛奶或羊奶一起熬煮制作成奶茶的做法。当时人们每餐吃的都是乳制品或者肉食，非常油腻，如果在酥油、盐、松子等原料中加入茶和奶，既帮助消化，溶解脂肪，还可以美容养颜。

文成公主赐予臣民茶叶，让越来越多的藏族百姓爱上了茶清香的味道，人们将茶视为神圣的物品，和圣物、经书、珠宝相提并论，佛像中都会装入茶叶，算是“开光”。

当时藏族百姓中有“宁可三日无粮，不可一日无茶”的说法，因为以茶佐食可以健胃消食，修身养性，帮助维持脾胃的酸碱平衡。

当时藏族人一天至少要喝三次茶，有的时候还会从早喝到晚，种类有酥油茶、奶茶、盐茶、清茶。其中，酥油茶指的是搅动的茶，其实和奶茶差不太多，是以牛、羊乳中提取出来的酥油，加以食盐和香料精制而成，再加入茶水当中，将水乳搅拌到一起，做成水乳交融的酥油茶。酥油茶咸甜可口，不油不腻，营养丰富，可以帮助人们御寒暖身，还有很好的饱腹感。茶叶富含微量元素和各种微生物，可以帮助人们解乏醒神、生津止渴。

酥油是藏族人不可缺少的食品。提取酥油需要先加热牛乳或者羊乳，放入一种被称为“雪董”的大木桶里，用“甲罗”

这种木棍抽打搅动，直到黄色的脂肪浮起来。把这层脂肪放到皮质口袋里面，冷却后便成了酥油。酥油可以直接食用，也可以和糌粑拌匀，制作成小团子来吃，炸果子的时候也会用到酥油。

酥油除了可以吃，还可以用来在佛寺里点灯、煨桑，以及在牧区软化皮革来做绳子。青海塔尔寺密宗中的“艺术三绝”，就包含酥油花、堆绣、壁画。酥油花独特好看，通过雕塑艺术融合酥油，制作成形态万千的模样。

祭祀的时候，藏族人民会敬茶。施茶被看作是积德行善。

民间有传说，讲的是藏族的两个部落因为一次打斗结下了梁子，却没想到所辖部落土司的女儿美梅措和怒部落土司的儿子文顿巴相爱，最后以文顿巴被所辖部落的人杀害为结局。

文顿巴的火葬仪式上，美梅措跳入了火海。美梅措转世为中原地区的茶叶，而文顿巴到羌塘则化作了盐湖里的盐。所以酥油茶里茶和盐再续前缘，是爱情的象征。

藏族医学家宇妥·云丹贡布的《四部医典》原著为藏文，译文大意为：“新鲜酥油性凉，功能壮阳，焕发容颜，增长体力、能消除赤巴病所产生的热。”可见酥油温润养气，可以护养皮肤，同时帮助人“智力敏锐”“增强记忆力”“增长体力和体温”“延年益寿”“增进食欲”等。

酥油茶是西藏人民生活、待客、交友和各种祭祀或者节庆的宴会上必备的传统饮料，汉人可能第一时间无法适应那浓重的味道，但是喝多了也会喜爱上它。

饮用酥油茶的时候，有一系列的礼仪。比如家里来客人的时候，主人会摇匀茶油，为客人满上酥油茶。客人得先和主人聊几句，才能慢慢喝，不能一口喝完，在喝之前，需要用无名指沾茶弹指三下，算是奉献给神、龙和地灵。客人喝之前还要夸一下酥油茶“打”得好，茶油不分离，这样主人心里才开心。

客人喝多少，主人就添多少，得保证客人的茶碗一直是满的。如果客人不想喝了准备离去，也要多喝几口，剩一点儿漂油花的茶底，表示礼貌。

十三世纪下半期，蒙古游牧民族受到藏族文化的影响，也开始在茶里面添加酥油。蒙古人都很喜欢喝奶茶。元朝的《饮膳正要》里面记载了各种流行的喝茶和制作奶茶的方式。其中比较著名的是蒙古人的炒茶，需要“用铁锅烧赤，以马思哥油、牛妳（奶）子、茶芽同炒成”。这里的牛奶子就是牛奶，而马思哥油是奶油。元朝的百科全书《居家必用事类全集》里也记录了制作“兰膏”“酥签”两种酥油茶的工艺。

制作酥油：将牛奶或者羊奶微微加热，倒入特制的打茶桶。
脂水分离：用特制的木棒在打茶桶中上下搅动上千次，脂肪便会浮上来。
累死了，我还是买一包吧！
煮茶：烧开热水，放入一小撮茯砖茶叶，煮3—5分钟。
看我的劈茶神功！
煮奶茶：茶水煮好后，过滤掉茶叶，倒入一袋牛奶。
买的
调味：撒入传统食盐或者潮流白糖。
冲调：在杯中加入两勺青稞炒面，然后将奶茶冲入奶茶杯，搅拌均匀。
也是买的
最后加入一勺酥油搅拌均匀后，酥油奶茶就完成啦！
我就像酥油奶茶，可甜可盐！

贰

元朝的《居家必用事类全集》里面记载制作酥油茶的时候，需要“加入些（些）少盐尤妙”。隋唐时期，煎茶的时候会加入盐，却不会加入糖，一是因为糖会影响茶的“清味”，二是因为制糖技术在唐朝之后才开始发展。奶茶中的奶负责提供营养，茶可以调节身体的健康状态，而盐能够帮助消化。

明朝时有一名葡萄牙来华传教士，撰写了欧洲历史上第一本专门介绍中国茶的书。葡萄牙皇室是最早受到中国茶文化影响的。欧洲人一开始并不喜欢茶的味道，不过习惯了之后却离不开了。

当时葡萄牙垄断了整个欧洲的蔗糖市场，他们不喜欢茶叶苦涩的味道，就加入了糖来调节。最开始流传到欧洲的是我国的绿茶，但是欧洲的贵族更喜欢红茶。饮茶文化逐渐传入英国、意大利、荷兰等地，形成了“下午茶”的文化，渐渐渗透进了他们的饮食结构。

日本学者川村惠美子的调研里说，在清朝乾隆年间，乔治·马可多尼等一众英国使节团来到清朝。马可多尼喜欢每天早上喝茶，所以乾隆皇帝特意给他送了十箱茶叶和两头奶牛，马可多尼受宠若惊。显而易见，甜甜的奶茶是茶叶从中国传入欧洲之后开始盛行的。当时的茶和糖都是奢侈品，也是上流社会的尊贵象征。

清朝的时候，奶茶进入皇宫宴席，慈禧太后和一众嫔妃都很喜爱奶茶，在祭祖仪式上，人们也会敬献奶茶。

乾隆帝曾说："国家典礼，御殿则赐茶。示惠联情也。"御赐奶茶代表的是皇恩浩荡，极为隆重。

清朝皇宫里御茶房和御茶膳房中有专门负责奶茶的部门，庆丰司负责提供奶茶，而光禄寺负责煮奶茶。在皇家筵宴之时，光禄寺都有蒙古煮茶高手专门负责烹饪奶茶。皇帝、皇后等人可以选择自己喜欢的烹饪奶茶的厨子。比如慈禧太后就喜欢"由储秀宫的小茶炉供应。一来近，二来张太监干净可靠"。

"多穆"在蒙古语中意思是盛奶茶的桶、壶，而在藏语中代表的是盛装酥油茶的桶。清宫中多穆壶就是放奶茶的器皿。满族和蒙古族、藏族文化有相似之处。

宫里的多穆壶一般都是用金、银、镀金、陶瓷等材料做成的，比如银镀金凤纹多穆壶，还有掐丝珐琅缠枝莲纹多穆壶。

有的时候，宫里人喝奶茶会用专门的奶茶碗，碗浅而口大，这样大口喝起来才痛快。还有的奶茶碗是用札古札雅木制成，轻巧可爱。

乾隆皇帝喝奶茶有专用的双桃耳形御用瓷杯，是特意用“质如凝脂，洁白无瑕、温润如月”的玉打造而成的，原文中说“碗外壁近底处和圈足表面，饰以错金片的花卉枝叶，并用180颗闪亮的红宝石镶嵌成朵朵花瓣。玉碗内底中镌刻乾隆御用四个字”，可以想象得出这奶茶瓷杯是多么的华丽精致了。

《宫女谈往录》有宫里点心和奶茶的记载：“宫里的早点喝奶子（牛奶）要兑茶，叫奶茶。……就在这同时，寿膳房要敬早膳，……有各种的茶汤，如杏仁茶……”

《乾隆二年除夕大宴膳单》也有奶茶的身影：“进膳毕，李英送奶茶至殿中；谢成随至殿中揭碗盖，捧出殿外。李英从中基上去，至右边座旁跪进万岁爷奶茶，少退侍立，接茶碗，还从中基下来，出殿外。奶茶碗一出，就送皇后奶茶。”

看得出来，奶茶在清朝皇宫里是多么受欢迎的日常饮料，在宴会中也代表着皇室的尊贵。除此之外，祭祀和丧事也会用到奶茶。

清宫《钦定总管内务府则例》说，从皇帝到皇子，每日需要的奶制品数量惊人，皇上每日需要乳牛一百头，皇后需要二十五头，皇贵妃则需要六头，贵妃四头。这是第一次用奶牛的数量来衡量奶制品和奶茶的需求。

好奶配好茶，《宫中进单》就记录了一系列优质的茶，普洱茶、武夷茶、碧螺春、阳羡茶、龙井雨前、雀舌茶、六安茶、庐山茶、砖茶，各品种应有尽有。

宫中煮茶的水也特别讲究。（道光）《承德府志》卷十五里面说“水以轻为贵”。乾隆皇帝曾经让各地官员用银斗来给水称重，衡量水质。北京玉泉山的泉水每斗重一两，济南珍珠泉每斗一两二厘，镇江金山泉每斗一两三厘，无锡惠山泉和浙江杭州虎跑泉则是每斗一两四厘。

根据重量的详细记载，北京玉泉山的泉水为乾隆皇帝御用，不管是煎茶还是做奶茶，都是必备的。

法国传教士蒋友仁曾说，乾隆“惯常的饮料是茶，或是普通的水泡的茶，或是奶茶，或是多种茶放在一起研碎后经发酵并以种种方式配制出来的茶”。经过配制，这些茶饮料大多口味极佳，其中好几种还有滋补作用，而且不会引起胃部不适。看来，乾隆皇帝能够高寿，也许有爱喝奶茶的原因。

梁文道读季羡林的《糖史》后有感而发道：“我们今天随随便便吃一个什么东西，拜一个什么神，有一个什么生活习惯，都不可能只是我们自己的，而是跟一些远方的，我们不认识的国家、不同文化的人有关的。”不论是我们现在喝的奶茶，还是古人的酥油茶，都象征着不同民族和文化，还有地域之间的交流和沟通。

蒙古奶茶百科

“有茶之家何其美。”蒙古族、哈萨克族和柯尔克孜族每天都有喝奶茶的习惯，一般用的都是青砖茶，加上酥油和盐调制而成。以茶待客，是蒙古族一种热情的礼仪，砖茶也被当作是体面的礼物。在元朝时期，出征所带的粮草里必备砖茶。

清朝时期，中原商人会带着砖茶、米面、布帛等物品，和蒙古族人交换物品。像“茶马互市”一样，当时一块砖茶甚至可以换一头牛，非常值钱。

蒙古语中称茶水为“哈日茄”，奶茶为“苏台茄”，酥油茶为“希日陶斯台茄”，面茶为“珠通茄”。

“打奶茶”需要先把茶叶捣碎，煮浓之后捞去茶叶，继续烧一会儿之后加入牛奶或者酥油，有的时候还会添加红糖或者炒熟的青稞面或麦面，独具特色。

“熬奶茶”的时候需要先将小米炒熟，做成爆米花一样的东西，和熬成橙红色的砖茶水加到一起，最后倒入牛奶和咸盐。伴上奶豆腐和肉，既可以吃饱，还能抵抗寒冷。

叁

《本草纲目》记载："造法用乳半杓，锅内炒过，入余乳熬数十沸，常以杓纵横搅之，乃倾出，罐盛待冷，掠取浮皮以为酥，入旧酪少许，纸封放之即成矣。"说的就是做酸奶的方法。

据说，酸奶是游牧民族偶然间发明的一种饮品。千年前的游牧民族经常带着装满奶的皮囊在草原上驰骋，奶在皮囊里发酵之后，味道特别，形成了最初的酸奶。

《礼记·礼运 》里说，周、春秋、战国时代祭祀的时候会用到乳制品，可谓"以烹以炙，以为醴酪""牧羊酤酪，以供伏腊"。《汉书·西域传》里说"肉为食兮，酪为浆"，还有"胡人食肉饮酪"。《释名·释饮食》里也有记载"酪泽也，乳汁所作，使人肥泽也"。自古以来，人们就开始食用乳酪了。《齐民要术》中有关于"干酪"的记录。

唐朝孙思邈在《千金要方》描述过酸奶的功效，称酸奶"味甘酸微寒，无毒。补肺脏，利大肠"。唐慎微在《证类本草》中写道："主热毒，止渴，除胃中热，患冷人勿食羊奶酪。"《宋史·职官志》里说"牛羊司乳酪院，供造酥酪"，可见当时就有专门加工制作乳制品的机构了。南宋诗人杨万里曾在《除夜小饮，叹都下酥乳不至》写过："雪韭霜菘酌岁除，也无牛乳也无酥。贫中却富何人会，自有村醪不用沽。"他在这里感叹的，就是在除夕夜晚没有吃到酸奶的遗憾。

《游蒙日记》里面说："奶酪，出蒙古，系牛奶合糖搅匀成饼，销内地。"当时还有些酸奶输出到国外。有来自西方的商人带来了欧洲奶牛，创办了专门生产酸奶、冰激凌和乳酸菌的乳品厂。

广大消费者对于酸奶有着一如既往的需求，不仅是因为酸奶口感好，更是因为它对身体有保健的作用。经过不断改善做法和品质，如今酸奶已然是人们生活中的日常美食。

【本章参考文献】

《齐民要术》《茶经》《四部医典》《封氏见闻录》《元代饮茶习俗》《饮膳正要》《居家必用事类全集》《国朝宫史》《宫女谈往录》《钦定总管内务府则例》《清稗类钞》《本草纲目》《礼记》《汉书》《释名》《千金要方》《证类本草》《职官志》《游蒙日记》《乾隆元年至三年节次照常膳底档》

“酸奶”那些事儿

文成公主与酸奶

文成公主长途跋涉去西藏和亲之后，因为水土不服，重病不起。当地的牧民用牛乳制成洁白透亮的凝乳献于她，文成公主喝了之后身体就好了，所以赐名为“雪”，迄今为止西藏还有“雪顿节”。这个“雪”，其实就是酸奶啦！

成吉思汗的故事

成吉思汗带兵打仗的时候，士兵都会把马奶、牛奶还有水放到皮囊里。时间久了，鲜奶发酵成了酸奶，成为士兵重要的营养来源。

酸奶与佛教

《释迦牟尼佛广传》里面说，佛祖释迦牟尼出家之后一心修行，禁食绝欲，身体非常虚弱。还好有一位叫作难陀波罗的牧人奉予“醍醐”，释迦牟尼才最终在菩提树下悟出道法。酸奶在佛教里是可以令人长寿的圣物。《大涅槃经》记载：“从牛出乳，从乳出酪，从酪出生酥，从生酥出熟酥，从熟酥出醍醐。”“醍醐”就是酸奶。

《圣经》里的酸奶

《旧约全书》里面记录，犹太人祖先亚伯拉罕健康长寿，就是因为自己喜欢喝酸奶，同时还用酸奶招待天使。

第三章　“鸡尾酒吧”的前世今生

壹

从煮酒论英雄、杯酒释兵权等典故中可以看出，中国的饮酒历史已有千年之久，在漫长的历史长河中，酒是古人生活中不可或缺的部分。不论是宫廷御膳，还是寻常人家聚会待客，或者是祭祀敬天之时，都少不了酒的身影。

关于酒的起源，有很多种说法。

早在五千年前的新石器时代，就已经有了酒器，而殷商时代的吴城遗址，也出土了精美的、用来盛酒的青铜器。屈原的《楚辞·招魂》里记载：“挫糟冻饮，酎清凉些。华酌既陈，有琼浆些。”所以从战国时期，大家就已经喝冰过的酒水了。西周时期，设立“凌人”官职，就是专门来负责冰块的。春秋时期，诸侯们会在宴席上喝冰镇米酒。

传说，酒是天上的“酒星”造出来的。《晋书》记载：“轩辕右角南三星曰酒旗，酒官之旗也，主宴飨饮食。”这里的轩辕是古时的星名，一共有十七颗星。酒旗三星，像“一”字一样排列，南边有二十八宿的柳宿，肉眼很难看到。周朝的《周礼》里有关于酒旗星的记载，当时天文学还不是很发达，所以能在浩瀚的宇宙中找到“酒旗星”，算是一个很神奇的事情。

《神农本草》里面说，大体上，古酒约分两种：一为果实谷类酿成之色酒，二为蒸馏酒，《世本八种》记载“仪狄始作，酒醪，变五味……少康作秫酒”，仪狄、少康都是夏朝人，当时的酒一般是用果实、花木做出来的，并非谷类酿制而成。

而用谷物酿酒，等到殷商时期的农业发展之后才得以盛行。黄现璠撰写的《古书解读初探》曾说，殷人甚至以酗酒亡国。

还有一种说法，称酒是猿猴造出来的，清朝文人李调元曾说：“琼州多猿……尝于石岩深处得猿酒，盖猿酒以稻米杂百花所造，一石穴辄有五六升许，味最辣，然绝难得。”

清代《粤西偶记》中也有记载："粤西平乐等府，山中多猿，善采百花酿酒。樵子入山，得其巢穴者，其酒多至数石。饮之，香美异常，名曰猿酒。"当野生果实堆积起来，会自然发酵，过程也比粮食谷物要容易。这种"猴儿酒"在深山幽谷、猿猴聚集之地被人类发现。

魏武帝乐府诗唱："何以解忧，唯有杜康。""杜康造酒"也是流传已久的说法。杜康把剩饭放到桑园的树洞里，发酵过后散发出奇特的香味，形成了"酒"，所以杜康被称为酒圣。

杜康这个人并不是被杜撰出来的，《世本》《吕氏春秋》《战国策》《说文解字》里面都提到过杜康。

清朝的《白水县志》里面曾有记载，白水县有个地方叫白水盟，因为河流在经过县治的一处河底颜色发白。

白水县"雍州之域，在周永为彭戏，春秋为彭衙"，同时"汉景帝建栗邑衙县""唐建白水县于今治"，杜康的文化遗址就在这里。

《白水县志》中记载："杜康，字仲宁，相传为县之康家卫人，善造酒。"杜康家原本是个小村庄，里面有一条杜康沟，还有一个杜康泉，水质清冽干净，特别适用于酿酒。《汝州志》里面记载杜康的造酒处叫杜康促，在城北五十里的地方。促，是石头破碎的声音。杜康泉地下有源源不断的泉水涌出，泉水流入白水河，也被称为杜康河。据说这河水里面有稀世罕见的虾，河附近鸭子生出来的蛋都是红色的，饮用泉水的村民都不会得肠胃病。杜康就是在这里取水酿的酒，杜康庙也在这里，传说在商、周之时就有了。

尧帝造酒，也是酒的起源传说之一。传说作为上古五帝的尧是真龙的化身，下凡历劫，带领百姓发展农业和文化。据说尧对于灵气特别敏感，曾因为滴水潭的灵气给大家带来安居乐业的生活，最后将粮食和水酿造成清澈芳香的酒水用祈福。百姓曾将这“水”称为“华尧”，以表敬意。

《说文解字》里说：“酉，就也，八月黍成，可为酎(zhòu)酒。”曾经的“酒”写成“酉”，而“就”是成熟的意思。“黍成”可以入药，所以古代的酒和传统的中药有异曲同工之妙，所以人称“酒为百药之长”，活血化瘀，驱寒安神，可以治疗疾病。

商周时期，酒被用来祭祀天地和四时，这种礼仪稳固了酒在历史舞台上的位置，也意味着酒可以被看作人类心灵的寄托，用来表达虔诚的祝福。

祭祀活动中，酒是必备之物。《周礼》里面规定，祭祀的时候要用到“齐”“三酒”等八种酒，为民消灾降福。云南怒江地区的怒族，有喂死者酒水的习俗，被称为离别酒。

古代的丧事会在墓里面放入酒，后人也会在家里的灵堂里用酒来祭祀祖先。

《诗经》里有很多描述酒事的字眼。例如《诗经·大雅》里说："清酒既载，骍牡既备，以享以祀，以介景福。"可见当时用清酒和牲畜祭祀是非常重大的活动。另外，《诗经·小雅》记载："祭以清酒，从以骍牡，享于祖考。"讲的就是古人用清酒来祭祀祖先。所以说，人们不论是祈福还是祭祀，都离不开酒。

《诗经·小雅》里道："礼仪既备……诸父兄弟，备言燕私。"可以看出周朝的礼制规定，祭祀过后大家要一起参加酒宴，这种传统的影响深远绵长。一直到现代，无论是结婚、孩子出生、丧葬，人们都会举办酒宴。

《史记》记载西汉时期著名的文学家东方朔，智力超群，滑稽有趣，嗜好喝酒。有一次汉武帝问他问题，他偏不回答，只有喝了酒之后才说，可见他多么爱酒。

魏晋时期，自如洒脱是文人骚客的代名词，酒也是每个人生活中必不可少的一部分。但是，酒喝多了可不得了。

《世说新语》里面提到，阮籍、谢尚、刘道真等人喝酒不节制，酒后失仪，刘伶甚至醉后脱了衣服在房间里跑来跑去，这酒品可真不怎么样啊！

总的来说，酒还是美好的东西，可以带领大家达到更美好的境界。饮酒文化在魏晋时期盛行，最主要的还有当时人们开放、开明的心态。要知道，在魏晋时期流行的是穿宽松的衣服，男女离婚都不会惹人非议。

所以，酒不仅是祭祀的必备品，更是象征着人们纵情享受人生的肆意心态。譬如酒后作诗的李白，就是将酒文化发挥得淋漓尽致的文人。

南宋末《事林广记》中记录了各种千奇百怪的酒类饮品，就像现在的鸡尾酒吧一样。其中有一种酒精饮料，用“沙蜜一斤，炼过糯米一升蒸饭，以水五升、白曲四两同入器中，蜜封之，五七日可漉”，味道醇厚飘香。

辽朝的契丹人不论是出征、行猎，还是节日、比赛，无酒不欢，他们祭山、拜陵仪、丧葬仪上都要用到酒，酒是联系着契丹族和神明的纽带。

明朝时期的酒文化对日本有着久远的影响。寺岛良安是一名大阪医生，他曾把中国《三才图会》这本书翻译成了日语，名为《和汉三才图会》。而书中最后一章里写的就是酿酒的方法，里面有一种江户流生酛制酒法，是用一种“少水多酒曲”方法制造冷饮清酒的。江户时代，甘甜爽口的冰镇清酒成了日本人的挚爱。

酒事风俗在历史长河中可以说是姿态万千。有的人喝酒是为了麻痹自己，有的人喝酒为了借酒消愁。还有的人是饮酒助兴，酒后有更多的灵感，可以写出更好的作品。所以文人斗酒并不失风雅，而是为了在宴席交际中可以更加淋漓尽致地表达自己心中所想。明朝袁宏道的《觞政》里记载了文人通过“酒令”，在酒宴中欢畅的景象：“户饮者角觥兕，气饮者角六博局戏，趣饮者角谭锋，才饮者角诗赋乐府，神饮者角尽累，是曰酒战。”说的就是喝酒的时候大家玩的小游戏，可见酒水增加了大家的生活情趣。

饮酒习俗的趣味小知识

（一）酒德和酒礼

儒家文化讲究“酒德”，这两个字最早在《尚书》和《诗经》里有所记载，意思就是说喝了酒之后的人，还是要讲究德行，绝对不能和夏纣王一样“颠覆厥德，荒湛于酒”。《尚书酒诰》里面说“饮惟祀”“无彝酒”“执群饮”，还有“禁沉湎”。当时，只有在祭祀或者生病的时候才能喝酒，只因酒非常贵重。同时还禁止很多人一起饮酒，或者过度饮酒的行为，就是为了保证喝酒时候的礼节和自制。

“拜、祭、啐、卒爵”是古人喝酒的四大礼仪。先拜以表敬意，祭是需要洒一点儿酒来祭地，啐是先尝尝酒味的意思，最后卒爵是一饮而尽。

以酒待客的时候，主人和宾客需要相互跪拜。如果晚辈先喝，这个被称为侍饮，要先跪拜，再坐入次席。长辈让晚辈喝的时候，晚辈才能喝。长辈如果没喝完，晚辈也不能都喝完。

敬酒需要“三杯为度”。一起喝酒的时候，“酬”指的是主人向客人敬酒，而“酢”代表的是客人回敬主人。客人之间相互敬酒被称为“旅酬”。“行酒”指的是依次向人敬酒的行为。一般情况下，敬酒喝酒的双方都需要“避席”，也就是站起来表示尊重。

（二）节日与酒

重大节日大家欢聚一堂，畅饮谈天，肯定离不开酒。

除夕也就是大年三十，大家有守岁的习俗。唐朝白居易在《客中守岁》里面写过：“守岁樽无酒，思乡泪满巾。”孟浩然写过：“续明催画烛，守岁接长筵。”宋朝苏轼也写过《岁晚三首序》：“晚岁相与馈问为‘馈岁’，酒食相邀谓之‘别岁’，至除夜达旦不眠谓之‘守岁’。”除夕的年夜饭是一年之中最丰盛的一顿，所以肯定是离不开酒来庆贺的！

汉武帝规定正月初一为元旦，春节过年的时候，大家会喝屠苏酒、椒花酒，图的是吉祥如意。《本草纲目》记录：“屠苏酒，陈延之《小品方》云，‘此华佗方也’。元旦饮之，辟疫疠一切不正之气。”屠苏酒从东汉开始流行起来，“屠苏”本来是草庵之名，曾经有个古人在屠苏庵里，每年除夕夜都会分给邻居一包药来泡酒，元旦的时候大家在一起喝，一年身体都会健康，不会染病。所以后来草庵的名字就变成了屠苏酒的名字。

椒花酒是用椒花泡的酒，梁宗懔在《荆楚岁时记》里面说：“俗有岁首用椒酒，椒花芬香，故采花以贡樽。”“正日饮酒，先饮小者。何也？勋曰：‘俗云小者得岁，先酒贺之。老者失岁，故后饮酒。’”宋朝王安石写过一首叫《元日》的诗，描述的就是春节饮酒的场景：“爆竹声中一岁除，春风送暖入屠苏。千门万户曈曈日，总把新桃换旧符。”北周庾信在诗中写道：“正朝辟恶酒，新年长命杯。柏叶随铭至，椒花逐颂来。”

元宵节也被称为上元节或者灯节，唐朝才有了这个节日，为每年农历正月十五。每年大家除了做花灯、吃汤圆或者元宵之外，还会喝酒祈福，用五牲、果品和美酒祭天。

宋朝潘自牧的《记纂渊海》里面说，中和节“里闾酿酒，谓宜春酒”。中和节也被称为春社日，在每年的农历二月一日，有喝中和酒、宜春酒的民俗。五代李涛有《春社从李昉求酒》诗云：

“社公今日没心情，为乞治聋酒一瓶。恼乱玉堂将欲徧（遍），依稀巡到第三厅。”传说这种酒还可以治疗耳聋之症。《岁时广记》里面说：“村舍作中和酒，祭勾芒，聚会宴乐名为勾芒。祈年谷。”祈求土神保佑来年大丰收。

唐朝白居易有《何处难忘酒》七首，其一曰：“何处难忘酒，朱门美少年。春分花发后，寒食月明前。”杜牧写过《清明》一诗：“清明时节雨纷纷，路上行人欲断魂。借问酒家何处有，牧童遥指杏花村。”晋朝开始，有了清明节，也被称为寒食节，大家会扫墓、踏青等等。唐朝段成式在《酉阳杂俎》有过描述，因为大家在寒食节期间只吃凉的食物，所以喝酒可以暖身强体，同时清明饮酒，可以借酒以敬先人。

春秋战国之后，有了端午节，也被称为端阳节、女儿节、天中节、地腊节等，是在农历五月五日。唐代《外台秘要》《千金方》，宋代《太平圣惠方》，元代《元稗类钞》，明代《本草纲目》《普济方》及清代《清稗类钞》等书里记载，为了辟邪、除虫、解毒，民间有喝菖蒲酒和雄黄酒的习惯。《女红余志》以及清代南沙三余氏写的《南明野史》里面说，有些地区还盛行喝蟾蜍酒和夜合欢花酒来安神助眠。唐代殷尧藩曾写过一首诗：“少年佳节倍多情，老去谁知感慨生。不效艾符趋习俗，但祈蒲酒话升平。”描述的就是喝菖蒲酒这种时令香醪的场景。明代刘若愚的《明宫史》

里面记录："初五日午时，饮朱砂、雄黄、菖蒲酒，喫粽子。"清朝顾铁卿的《清嘉录》中说："研雄黄末、屑蒲根，和酒以饮，谓之雄黄酒。"不过雄黄有毒，所以大家还是不要随意尝试。

中秋节是每年农历八月十五日，是团圆的节日。《说文解字》里面说："八月黍成，可为酎酒。"五代王仁裕撰写的《天宝遗事》也有关于唐玄宗在皇宫中举办酒宴的描写，对月饮酒，诗情画意。韩愈云："一年明月今宵多，人生由命非由他，有酒不饮奈明何？"清朝潘荣陛著《帝京岁时纪胜》，里面记载中秋喝桂花酒的习俗。

重阳节也被称为茱萸节，是在每年的农历九月初九，有登高饮酒的民俗。宋朝高承撰写的《事物纪原》有《菊酒》篇，记载："《西京杂记》曰：'戚夫人侍儿贾佩兰，后出为段儒妻，说在宫内时，九月九日佩茱萸，食蓬饵，饮菊花酒，云令人长寿。'"又有《登高》篇："《续齐谐记》曰：'汉桓景随费长房学。谓曰："九月九日，汝家当有灾厄，急令家人作绢囊，盛茱萸，悬臂登高山，饮菊花酒，祸乃可消。"景率家人登山，夕还，鸡犬皆死。房曰，'此可以代人'。则九日登高始于桓景。"可见喝菊花酒、登高、佩戴茱萸，都是从古代延续到今天的习俗。晋朝时期，菊花酒的做法是"菊花茎叶，杂秫米酿酒，至次年九月始熟，用之"。到了明朝则更复杂一些，"甘菊花煎汁，同曲、米酿酒。或加地黄、当归、枸杞诸药亦佳"。李时珍在《本草纲目》里面就说过，菊花酒可以“治头风，明耳目，去痿痹，消百病”，有“令人好颜色不老”“令头不白”“轻身耐老延年”等好处。除此之外，茱萸酒、茱菊酒、黄花酒、薏苡酒、桑落酒、桂酒等，也是重阳节受欢迎的酒品。到了清朝，流行“菊花白酒”，顾名思义，就是用蒸馏的白酒浸泡过的菊花和其他药材，制作出的芳香药酒。

“岁酒”是朝鲜族人在“岁首节”前酿造的，是用大米加上桔梗、防风、山椒、肉桂等各种药材酿制而成，可以辟邪健体。

“新谷酒”是哈尼族秋收之前庆祝五谷丰登所喝的酒，是用谷子泡在酒瓶里酿出来的。

（三）和婚礼有关的酒

西晋嵇含写的《南方草木状》里面记载，南方人生下女儿之后会酿造“女儿酒”，出嫁的时候才喝。后来这种酒发展到绍兴，成了“花雕酒”，瓶子上雕刻着各种人物、花卉、飞禽走兽等好看图案，为的是图个吉利。

订婚仪式的时候，酒席被称为“会亲酒”。而结婚时，点亮花烛入洞房时，夫妻会用彩丝连接酒杯，彼此交换酒杯，各抿一口酒，这是“交杯酒”，也被称为“合卺”。“卺”的本义是一个瓠分成两个瓢，《礼记·昏义》里面记载了合卺而酳，“以一瓠分为二瓠谓之卺，壻（婿）与妇各执一片以酳酳（yìn）演也”。

所以合卺也有结婚的意思。

达斡尔族有“接风酒”和“出门酒”：迎亲的时候，新郎父母敬亲人的酒，称为“接风酒”，宾客需要一饮而尽，表示大家成为一家人。婚礼之后，新郎父母敬宾客的酒，被称为“出门酒”。

婚后第二天，回到娘家探望长辈的时候，喝的酒被称为“回门酒”。

（四）喝酒的其他习俗

“满月酒”或“百日酒”是孩子满月或一百天的时候所举办的酒席。

“寄名酒”也是古人常有的习俗，是一个非常隆重的取名仪式，同时举办酒席，祭拜神祖。

“寿酒”是老人过生日的时候举办的酒宴。

“上梁酒”和“进屋酒”是搬家的时候为了庆祝乔迁之喜所举办的酒宴，同时会有祭祀仪式，求老天保佑。

“开业酒”是店铺开张的时候举办的庆贺酒宴。

“壮行酒”或者“送行酒”是为朋友践行举办的酒宴。

“饮咂酒”是我国西部一种奇特的饮酒仪式，一般是一圈人围坐在酒坛周围，每个人拿一根竹管或芦管，一起用这种“吸管”喝酒。

“转转酒”是彝族人喝酒的习俗，大家围坐成一个圈，一个人喝完酒之后传给下一个人，以此类推，最后大家都喝得酩酊大醉。

贰

啤酒是一种将麦芽磨碎、糖化后加入酒花、酵母发酵而成的气泡饮料。仰韶、龙山时期的古人都是用糵（niè）酿酒。殷商的卜辞里有“糵”和“醴”这两个字，“糵”指的是谷芽或发芽的谷粒，而“醴”指的就是类似啤酒的酒精饮料。所以我们觉得是现代产物的啤酒，其实在古代可能就已经有人在喝了。

根据《殷墟卜辞研究——科学技术篇》里的记载，“醴”的加工制作过程和啤酒差不太多。将谷芽泡在水里，糖化后酿成酒，过滤后就可以饮用。“新醴”顾名思义，就是刚酿成的酒，而“旧醴”是贮藏一段时间之后的酒。

《齐民要术》里面记录了加工糵，也就是发麦芽的过程。首先在渍麦阶段要每天换水；到发芽阶段的时候，每天需要浇水；第三阶段是干燥阶段，要注意麦芽不能缠结成块。

饴糖最初出现在春秋战国年间，《礼记·内则》里面提到的“枣粟饴蜜以甘之”就是证据。北魏时期，饴糖主要用蘖制成。不论是饴糖的制作还是麦芽的糖化发酵，都是酿制啤酒必需的步骤。

自从酒曲登上了我国酿酒文化的舞台，酒的制作工艺日益完善、突飞猛进。《齐民要术》里面记载了很多制作酒曲的方式，一直流传至今。

秦汉时期流行用蘖造酒，同时制作酒曲的技术逐渐兴起。《中国酒文化》里面记载了用蘖酿醴的方法，也被称之为是“浸曲法酿酒”。“浸曲”是其中一道必备工序，是一种古老的方法。北魏时期，人们会用酒曲浸泡在水中几天之后，加入米饭发酵，和麦芽浸泡的技术一脉相传。

到唐宋时期，“冰啤”成了广大人民群众的心头好，在唐代笔记小说《酉阳杂俎》里有所记载。这本书的作者是唐文宗时期太常少卿的段成式，里面记录了各种唐朝的杂文轶事，像是当朝“晚报”的一个大合集，不仅有历史政事，还有各种娱乐八卦，内容包罗万象，可以和西晋张华写的《博物志》媲美。

《酉阳杂俎》里面写过很多和酒相关的事情，《酒食》篇专门介绍了各种美酒。比如“酒之芳味，世中所绝，曾以三十斛上魏庄帝”的“昆仑觞”，还有“青田核大如六升瓠，注水其中，俄顷水成酒，味醉人，以供其宴”的“青田壶”。其中昆仑觞据说是用河水酿造而成的，根据推测应当是一种用粮食发酵出来的啤酒。

青田酒在晋朝崔豹的《古今注》中有记载：“乌孙国有青田核，核莫测其树实之形，至中国者，但得其核耳。核大如六升瓠，空之以盛水，俄而成酒。味甚醇美。”里面还提到过制作“冰镇啤酒”的方法：“魏正始中，郑公悫三伏之际，每率宾僚避暑于此。取大莲叶置砚格上，盛酒三升，以簪刺叶，令与柄通，屈茎上轮菌如象鼻，传吸之，名为碧筒杯。”或许，在魏晋南北朝时，中国人就开发出了果汁和冰啤。

不过古代的酒水，度数高不高呢？

元朝前，人们一般喝的都是发酵酒，度数并不高，都是十度以下的。“李白斗酒诗百篇”，还有武松过景阳冈喝的十八碗酒，都不是超过二十度的烈酒。

《汉书·食货志》里面记录的“一酿用麤（粗）米二斛，曲一斛，得成酒六斛六斗”，就是甜酒“醴”，酒精度数很低。酒曲酿造出来的酒精度会高一些，达到十几度。

正是因为古代的酒度数一般不高，所以为了表示豪爽，大家一般都是用碗来一饮而尽。杜甫在《饮中八仙歌》里面描写，李适之饮酒的时候是“饮如长鲸吸百川”，十分夸张。

北宋时期的各方少数民族对中原地区的饮酒习惯有着颇大的影响。由于草原生活环境比较寒冷，所以契丹、女真、蒙古等少数民族一般会用蒸馏的方法提高酒精浓度，蒸馏后的烧酒度数可以达到五十度，像现在的二锅头一样，可以保暖御寒。

蒸馏酒比较烈，又辣又苦，因此中原地区的御用酒水还是以香甜顺口的发酵酒为主。只不过发酵酒是粮食酿造而成的，成本比较高，老百姓买不起的话就只能喝蒸馏酒了。

元朝忽必烈统一了中国，自此之后蒸馏酒，也就是烧酒，开始盛行。制造蒸馏酒的方法就是将酒曲发酵酿造的酒再经过蒸馏一下，提高酒精浓度，和现在的酒比较相似。李时珍有文字记载，白居易等人的诗词里也提到过“烧酒”，所以在元朝之前应当有烧酒了，只不过度数还没有那么高，味道也比较甜。

明朝时期，传统的发酵酒更加流行。而清朝的满族人对蒸馏酒情有独钟，因为同样作为游牧民族，他们更喜欢辛辣暖身的烈酒。

【本章参考文献】

《楚辞》《晋书》《周礼》《神农本草》《世本八种》《粤西偶记》《吕氏春秋》《战国策》《说文解字》《白水县志》《伊阳显志》《汝州全志》《诗经》《史记》《古今注》《世说新语》《事林广记》《辽

史》《尚书》《本草纲目》《荆楚岁时记》《古今图书集成》《广记》《酉阳杂俎》《外台秘要》《千金方》《太平圣惠方》《元稗类钞》《普济方》《清稗类钞》《女红余志》《南明野史》《明宫史》《清嘉录》《说林》《天宝遗事》《帝京岁时记胜》《事物纪原》《西京杂记》《南方草木状》《礼记》《殷墟卜辞研究》《齐民要术》《博物志》《汉书》《饮中八仙歌》《李白与唐代酒文化》《左传》

酒事知多少

《史记》里说："荆轲虽游于酒人乎，然其为人沈深好书。"这里的"酒人"就是爱喝酒的人。古代的酒鬼不少，关于酒的故事也丰富多彩。

箪醪劳师的故事是在东周春秋年间，越王勾践战败后打算复国，所以鼓励大家生孩子，让国家人丁兴旺。当时他把酒当作生育的奖品，倒在河的上游和将士一起饮用，名为"醪河"。

春秋时期的齐国君主齐景公很喜欢喝酒。一次，他独自在夜里喝酒，想找宰相晏子来同饮，没想到被晏子用大道理拒绝了。齐景公只好去找司马穰苴，没想到也被婉拒。最后齐景公找到梁左据，梁左据左手执瑟、右手抱竽，已经准备好了和齐景公饮酒奏乐。齐景公发出感慨："乐哉！今夕吾饮酒也。微彼二子者，何以治吾国！微此一臣者，何以乐吾身！”如果没有你，怎么能让我身心快乐呢，真是知己酒友难求啊！

陶渊明的人生可谓是“诗酒人生”，酒能消愁，也能助兴。当他官居彭泽令的时候，曾想用公田种秫，也就是可以用来酿酒的高粱，后来在妻子的执意要求下，他才分出来五十亩种稻米。可见酒对于陶渊明而言，比粮食还重要。

李白是家喻户晓的唐代诗人，杜甫的《饮中八仙歌》里说：“李白斗酒诗百篇，长安市上酒家眠。天子呼来不上船，自称臣是酒中仙。”有如此的描写，可见李白既是“诗仙”，也是“酒仙”。就连古代的酒馆里，都会挂着太白遗风、太白世家这样的招牌来吸引客户。

有一个传说里讲，李白曾经喝醉了后在长安城中遭受排挤，他却仍然心高气傲地说，他吃过御膳，写诗的时候贵妃为他举过砚，还能在天子门前骑着高头大马。

《将进酒》《山中与幽人对酌》《月下独酌》都是李白笔下和酒相关的诗篇。《将进酒》里面写：“君不见黄河之水天上来，奔流到海不复回。君不见高堂明镜悲白发，朝如青丝暮成雪。人生得意须尽欢，莫使金樽空对月……烹羊宰牛且为乐，会须一饮三百杯！”在李白的心里，“五花马千金裘”都不如美酒佳酿，他是多么地爱喝酒，才会写出“且乐生前一杯酒，何须身后千载名”“百年三万六千日，一日须倾三百杯”“莫惜连船沽美酒，千金一掷买春芳”“且就洞庭赊月色，将船买酒白云边”等诗句。

酒文化用诗词的形式表示出来，多了几分风雅。

昆剧里有《太白醉写》，京剧里有《金马门》，也叫《骂安》，演的是李白装醉、骂杨贵妃的义儿安禄山的事情。画作中也有一些李白醉后的模样，比如“李白脱靴图”“李白捉月图”“太白醉酒图”等等，甚是有趣。

杜甫写了三百多首关于酒的诗篇。葛景春的《李白与唐代酒文化》里面说“杜甫诗中提到酒字的有一百七十处，醉字八十一处，酣字二十二处，酌字九处，杯字三十九处，樽字二十二处，其他如醪、醅、酝、醺、酿、酩酊、醇酎、玉壶、玉觞、玉瓶等二十一处，总计有三百八十五处”，酒映射出杜甫一生的跌宕起伏。

“醉翁之意不在酒”说的是欧阳修，欧阳修无酒不欢。《醉翁亭记》里面说“树林阴翳，鸣声上下，游人去而禽鸟乐也。然而禽鸟知山林之乐，而不知人之乐；人知从太守游而乐，而不知太守之乐其乐也”，记载的就是他酒后在山水之间自得其乐，有感而发写下的名作。他的《渔家傲》里面写采莲姑娘传荷叶，击鼓传花一般传到谁，谁就喝酒。当时欧阳修写的词句，经常会被艺妓歌姬拿来唱。

苏东坡也是嗜酒如命，他写的水调歌头里的“明月几时有，把酒问青天”，把醉后飘飘欲仙的境界描绘得淋漓尽致。

第四章　古代“可乐”求好评

古代已有果汁和“可乐”，只是当时的果汁不叫果汁，而叫“浆”，一般以乌梅、桃、葡萄、甘蔗为原料，例如清宫御膳房为皇帝制作的消暑解渴饮料酸梅汤，就是由乌梅、冰糖和药材熬制而成的。

果汁和蜂蜜水从汉代开始就有了，宋代时称饮料为“凉水”。南宋后期的著名吃货周密在《武林旧事》中写到了很多在临安城吃喝玩乐的趣事，饮料方面也没少记载，比如甘豆汤、椰子酒、豆儿水、鹿梨浆、卤梅水、姜蜜水、木瓜汁、茶水、沉香水、荔枝膏水、苦水、金橘团、雪泡缩脾饮、梅花酒、五苓大顺散、香薷饮、紫蘓（苏）饮等等，面面俱到，种类多到让人犯选择困难症！这里让我们一起来回到古代，看看当时的“快乐水”都有哪些吧！

古人的诗句中经常会出现“浆”这个字眼，例如白居易在《观刈麦》中写过“妇姑荷箪食，童稚携壶浆”，杜甫在《赠卫八处士》里面曾说“问答未及已，儿女罗酒浆”。有部分学者认为“浆”是度数比较低的酒，但其实应当是一种饮料的代名词。因此，虽然和浆相关的很多描述是和美酒相关的，但是浆和酒并不一样，包含的范围更广。

周朝的宫廷中有“六饮”指六种饮料，包括水、浆、醴、凉、医、酏（yǐ）。其中的浆是一种发酵的“米汁”，吃饭的时候用作佐餐和帮助消化。后来，浆逐渐变成了各种食材捣成汁液的饮料，“取甘柘汁以为饮，……言柘浆可以解朝酲也”，指的就是甘柘或者甘蔗汁。古人非常在乎浆，《周礼》里面有记载，当时有一种被称为“浆人”的官职，一般是一百多人，专门负责天子除了酒之外的饮品。可见从周朝开始，大家对饮料的需求就已经很大了，毕竟光有好吃的，没有好喝的，如何刺激我们的味蕾？

《史记·魏公子列传》里面记录：“公子闻赵有处士毛公藏于博徒，薛公藏于卖浆家，公子欲见两人，两人自匿不肯见公子。”这里说信陵君要找的人，就躲在一个饮料店里。当时老百姓也会像现在的人一样，去专门卖浆的饮料店里买喝的。

颜师古的《大业拾遗记》曾写过：“以扶芳叶为青饮，拔禊根为赤饮，酪浆为白饮，乌梅浆为玄饮，江笙为黄饮。”可见隋朝就已经开始流行果汁类的饮品了。

按照口味和原料，浆可以划分成两个不同的类别。《齐民要术》里面描述过制作“寒食浆”的方法：“以三月中清明前，夜炊饭，鸡向鸣，下熟热饭于瓮中，以向满为限。数日后便酢，中饮……以二升，得解（解）水一升，水冷清俊，有殊于凡。”这里的“寒食浆”顾名思义，是魏晋之前大家在寒食节会喝的一种饮料，主要是由米汤或者其他粮食原材料和蜂蜜封在一起，发酵成的酸甜饮料，夏季消暑解渴，还可以用来加工其他的美食。

《齐民要术》里面描写了用酸枣、杏、李等水果制造果浆的方法，这种浆就像是果汁了，一般是由当时的当季水果晒干或者制作成粉状物，然后冲泡而成的。像现代人喝的酸梅汤，就是采取了这种方法，味道酸甜适中。

《三国志》里面记载：“时盛暑，欲得蜜浆，又无蜜……叹息良久。”这里的“蜜浆”是用蜂蜜制作而成的。但当时获取蜂蜜并不简单，调制这种饮料的方式也比较难，所以只有王室贵族才能够喝到。

唐朝时期，“饮子”是用花果或者草药熬制而成的饮品，类似于凉茶，清热解渴，是一种百病皆宜的万金油式的保健饮料，特别受欢迎。需要经过盐腌、晒干、烘焙、碾碎等步骤，加工过后密封保存，喝的时候像冲泡果汁一样加水就可以，味道清香，怡养心神。

当时长安街头的饮子店，就像是现在商业街道上饮品店一样。

酸梅汤一直是古今流行的“快乐水”，用乌梅、山楂、桃、葡萄、甘蔗等和冰糖熬制而成，具有医疗价值，可以健脾胃、平肝火、解油腻。

宋朝时期，经济发达，茶楼酒肆生意兴隆，夏天的夜市也是人声鼎沸。除茶和酒之外，当时汴京的流行饮品还有汤、煎泡而成的熟水、饮子、浆和乳制饮品等。

熟水同样是一种有保健功能的饮料，《本草拾遗》里面曾说熟水有助消化、治疗腹胀滞气的功效。紫苏熟水最受欢迎，白豆蔻熟水是用白豆蔻、甘草、石菖蒲制作而成的，可以化湿止呕。清代的熟水材料更多，加入了甘菊、霜叶、鲜芦根、橘红、炒炽壳，可以明目消食，化痰消暑。除此之外，还有明目的决明草熟水，清热解毒的金银花熟水。

《清明上河图》里面画着好多打着“饮子”招牌的店铺，这些“香饮子”在宋代十分流行，在东京汴梁著名景点虹桥处处可见。饮子摊上有遮阳大伞，也有人挑担边走边卖，饮子和茶还有酒可以并列为流行的饮料了，清雅爽口，又健康养身。

《事林广记》里面记载的“饮子”干木汤是由干木、粉甘草、茴香、白檀、沉香、缩砂仁、干生姜、白豆蔻仁煎制而成的。木樨汤是用白木樨花和花蜜一同制成的。

宋朝的饮子会像茶一样用来招待客人。比如“去客汤”，在宋朝算是一种礼节，是主人在客人离开的时候奉上的汤饮。

炎炎夏日，连水都是热的。“浮瓜沉李”这个词，出自曹丕《与朝歌令吴质书》中的“昔日南皮之游，诚不可忘……浮甘瓜于清泉，沉朱李于寒水”，说的就是将西瓜和李子放到冷水里面镇凉了吃，清热解暑。所以古代吃货喝深井中的冷水，或者用井水冰镇水果，是最解渴的一种方式了！

冷饮在宋朝统称为“凉水”，是有味道的果汁饮料，不单单是冷的井水。浆是其中一种，另外一种被称为渴水。这两种的区别是，浆是直接做成冷饮的饮料，而渴水像果酱或者是浓缩果汁一样，是从水果中提炼压缩出来的，比如香糖渴水是用上等松糖、藿香叶、甘松、生姜放在水里煎制而成的。

《东京梦华录》里面描述了北宋时期市场里面各种热闹的景象，当时人们喝的“凉水”可谓是琳琅满目，算是古代饮料发展史的巅峰。除了浆和渴水之外，还有冰雪甘草汤、冰雪冷元子、生淹水木瓜、沉香水、苦水、江茶水、雪泡缩皮饮、杏酥饮、紫苏饮、香薷饮、梅花酒、皂儿水、沆瀣浆、姜蜜水、五苓大顺散、乳糖真雪、金橘团等等。

冰雪甘草汤顾名思义，是用甘草、砂糖和清水熬制之后，放凉再加入冰块的冷饮。冰雪冷元子是用炒熟的黄豆加上砂糖或者蜂蜜做的小圆子，也是放到冰水里面做的饮品。生淹水木瓜就是冰水里面泡的木瓜，美容养颜。

有一种雪泡缩皮饮也被称为缩脾饮，可以清热解毒，止吐泻霍乱，主要是由干葛、乌梅、砂仁、草果、炙甘草、扁豆熬制而成的。

宋代的许叔微撰写的《类证普济本事方》里面还写过杏酥饮的配方："杏仁、款冬花、前胡、半夏制、五味子、麻黄、柴胡、桑白皮、人参、桔梗（各等分），右细末每服三钱，水一盏半，姜五片同煎，七分通，口服。"像是杏仁味的凉茶冷饮。《四时纂要》里面还有制作杏酪的方法，是将杏仁制作成浆，去渣后用米粉和糖熬制而成的，加上蜜、苏子、薏苡等其他食物，有食补的疗效。

"山外青山楼外楼，西湖歌舞几时休。暖风熏得游人醉，直把杭州作汴州。"诗里说的就是南宋的都城临安。当时有名的饮料被称为熟水，经常出现在李清照等诗人的词句当中。熟水有很多种，属于中药代茶饮，有紫苏熟水、沉香熟水、丁香熟水、麦冬熟水、豆蔻熟水等，在药茶里放甘草，用植物或果煎泡而成，富含维生素和矿物质，化湿行气、暖胃消滞。熟水的制作工艺顾名思义，例如沉香水是把茶具扣在热的沉香上，熏满了沉香后注以热水制作而成，算是古代的“功能性饮料”。

豆蔻熟水的制作方法需要将白豆蔻壳拣净，投入开水瓶中，密封片刻，就可以喝了，有祛暑健脾的功效。

陈元靓《事林广记》卷十中记载：“仁宗敕翰林定熟水，以紫苏为上，沉香次之。”紫苏熟水是熟水中最好的，排名在后的是沉香熟水。其他的熟水比如香花熟水，是用香毒之花密封后加入水汤制作而成。

李清照最爱白豆蔻熟水，她曾在生病的时候饮用熟水，写下《摊破浣溪沙·病起萧萧两鬓华》这首词：“病起萧萧两鬓华，卧看残月上窗纱。豆蔻连梢煎熟水，莫分茶。枕上诗书闲处好，门前风景雨来佳。终日向人多酝藉，木犀花。”借此消愁。

陈骙所著《南宋馆阁录》里面描述“绍兴九年九月四日，诏秘书省官，雠校《国朝会要》，逐官每月添给茶汤钱二十贯”，可见宋朝的官府会发放“茶汤钱”作为补贴，鼓励人们喝这些饮品，也算是给当朝官员的一种福利。就像现代，公司到夏天会给员工发消暑补贴一样。

茶汤的制作是用大铜壶里的开水将秫米面或者糜子面冲开化成糊状，上面撒上红糖、白糖、青丝、红丝、芝麻、核桃仁、什锦果脯、京糕条或者松子仁，香甜可口。

元朝时盛行里木渴水，是蒙古民族在西亚生活时发现的好喝的饮品，也是忽必烈的最爱，它生津止渴，酸甜可口，还美白养颜。“里木”的意思是柠檬，在蒙古语里被称为“舍儿别”，当时的御用果园里曾经种了八百棵柠檬树，可见柠檬是宫廷饮品中的必备原材料。

面茶是茶汁加入炒面、芝麻酱、牛乳或者奶酥，以及少量盐制作而成的。

明代时期就有“榨汁机”了，当时是把水果挤压在一个有凹槽的木质板凳上，旁边有个出汁口。《本草纲目》《农政全书》里面都有关于渴水的记载，而且种类丰富，像沙果渴水、木瓜渴水、五味子渴水、杨梅渴水等等。

清朝时期，正式有了凉茶“王老吉”品牌，灵感来源于宋代的茶汤，其实就是茶和其他植物一起熬制的保健饮品，帮助百姓在大快朵颐之时健胃消食。

当时有一种荷兰制造的汽水流行了起来，因为大家不懂外语，所以直接称为荷兰水，其实就是汽水。光绪三十二年（1906 年），苏州的瑞记公司和宣统元年（1909 年）的上海惠华汽水厂，就是当时中国本土著名的汽水制造商。

《红楼梦》里还写过酸梅汤、玫瑰露、木樨露等好喝的饮品。玫瑰露要先用糖腌制玫瑰，再加上桂花露，冲泡来喝，听着就让人垂涎欲滴。

《名方类证医书大全》里记载："诃子汤。治脏寒泄泻。诃子、人参、白茯苓、白术各一两，木香、甘草、豆蔻各半两。上为末，水半盏，姜二片，煎服。寒甚者，加附子。"这里提到的诃子汤似于现代的可口可乐。诃子也被称为诃黎勒或者藏青果，长得像橄榄一样，古称"六路"，六棱黑色肉厚的就是上等的诃子。

诃子来自波斯，最初主要用来酿酒，汉朝时期通过丝绸之路传到中国。在唐朝时期大家会用诃子和甘草煎制成汤，喝起来香甜微酸，有一点儿苦，是当时很流行的饮料。

《黄帝素问宣明论方》里面记载诃子汤"治失音，不能言语者"，《证治准绳》里面说"桔梗通利肺气，诃子泄肺导气，童便降火甚速"。《医方集解》里面也有相关记录"诃子敛肺清痰、散逆破结，桔梗利肺气，甘草和元气，童便降火润肺”。可见诃子汤可以用来治疗伤风咳嗽和重感冒引起的失语。

在古代，大家就可以喝到茶饮、汽水、果蔬汁等五花八门的饮料，可见我国人民是多么重视吃喝呀！

【本章参考文献】

《武林旧事》《周礼》《楚辞》《大业拾遗记》《太平广记》《礼记》《孔颖达疏》《史记》《齐民要术》《三国演义》《本草拾遗》《东京梦华录》《事林广记》《类证普济本事方》《四时纂要》《南宋馆阁录》《国朝会要》《安老怀幼书》《本草纲目》《农政全书》《红楼梦》《神农本草经》《本草经集注》《外台秘要》《清稗类钞》《名方类证医书大全》《古今医统》《古今医鉴》《岭南异物志》《证治准绳》《成方切用》《燕都小食品杂咏》

酸梅汤体验馆

酸梅汤可谓夏日必备饮品，富含维生素，酸甜可口，有祛痰止咳、润喉养肝、生津止渴、安神散瘀的功效，在清朝被称为“士贡梅煎”，或者是“清宫异宝御制乌梅汤”。在民间的大街小巷，也会有“冰镇热水酸梅汤”的牌子，光是看看就可以“望梅止渴”。

如北京天桥“邱家”、西单牌楼“路遇斋”、东安门丁街“遇缘斋”，都是有名的酸梅汤品牌。南宋《武林旧事》里面记载的“卤梅水”就是当时的酸梅汤，主要是用泡发的乌梅，加上冰糖、蜜、桂花、洛神花、陈皮、红枣等食材，在砂锅里慢火熬制而成的，可以帮助消化、去油解腻。对于酸梅汤，人们要求色香味俱全，所以首先颜色得看上去是自然的褐色，浓郁有光泽，清淡爽口，还有淡淡烟熏的味道。宫廷秘方是慢火熬制，而不是直接冲泡勾兑，这样才能让乌梅、桂花、山楂、陈皮、甘草等味道煮得淋漓尽致，口感纯正。制作过程中，甘草的比例千万不能太多，不然的话会过于苦涩。

三千多年前，商周时期的人们就会提取梅子汁来饮用。在《周礼》关于六清的记载中，鲜果制成的浆就是酸梅汤的雏形。据说最早在秦朝时期就有了酸梅汤，当时是因为秦始皇四处寻找长生不老之术，而徐福发明的酸梅汤就是为秦始皇调理身体的专用饮料，有“大秦国饮”之称。

当时徐福是秦朝有名的方士，作为秦始皇的御医，专门负责保养皇帝的身体。在灭楚之战之后，秦始皇的身体每况愈下，疲惫和压力导致他根本不想吃东西，御医们都束手无策，徐福寻遍了史籍也没找到最合适的方法，最后他想到了食疗。

徐福曾在南方的苍梧郡看到过大片乌梅林，酸气逼人。楚国的医生会用乌梅治疗病人，所以徐福灵机一动，找来了乌梅，进行调制和试验，最终发现加入山楂之后味道和效果极好。

徐福本来是用这几种食物制作成了药丸，但是药丸毕竟有一种吃药的感觉，吃起来不方便。有一次徐福喝水时不小心洒了水，便突发奇想地把乌梅和山楂熬在一起，制成了汤药。

秦始皇喝了之后，恢复了食欲，徐福功不可没，所以这款酸梅汤被赐名为“徐公饮”。后来徐福一直被秦始皇重用，还出海去寻找长生不老药。

“徐公饮”因调节身体机能效果显著，成为秦朝皇室贵族的专用饮料，配方一直不得外传。秦朝被推翻后，酸梅汤的配方才得以流传到民间，成为广受欢迎的饮料。

明代刘文泰《本草品汇精要》里面也提到过酸梅汤的原材料，梅，“木似杏，而枝干劲脆……二月结实如豆，味酸美，人皆啖之，五月采，将熟大于杏者，以百草烟熏至黑色为乌梅，以盐淹暴干者为白梅也”。

唐慎微的《证类本草》提到过乌梅的药性，说它可以“伤寒烦热，水渍饮汁”，这里的乌梅汁说的就是酸梅汤。

明代出现了青梅汤、黄梅汤、梅苏汤等繁多的品类，连朱元璋都曾卖过乌梅。有一次湖北荆襄一带发生瘟疫，朱元璋用乌梅、山楂熬制成酸梅汤，治好了自己的病，后来卖给人们还赚了不少钱。一直到成为皇帝之后，酸梅汤都是朱元璋百喝不厌的饮品。

酸梅汤是一种代茶饮，故而也有“非茶之茶”的称呼。

清朝时期，皇上如果要饮用酸梅汤的话，不能用一般的水，要用玉泉山的水，并且专门从西直门运过来。东直门拥有全京城最大的冰窖，夏天的时候可以用来制作冰镇酸梅汤。

清宫御茶坊有专门给皇室制作的酸梅汤，宫闱之中甚是流行，乾隆皇帝尤为喜爱。满族人本来就喜欢喝酸的饮料，因为游牧民族经常吃肉食，酸汤可以开胃帮助消化。

清朝时期，街头巷尾都可以买到酸梅汤了，它最终成为普及到民间的大众饮料。

第五章　探秘古代冰饮

壹

在现代我们家有冰箱，夏天的时候想吃点凉的非常容易。古代没有冰箱，但也有各式各样的冰品，制作方法层出不穷。这里我们就来一窥古代冰饮的历史发展吧！

从商朝开始，人们会在冬天时从河里面挖出冰块贮藏在冰窖当中，到了夏天就拿出来食用。《诗经》《周记·天官冢宰》都有关于周王室“陵阴”的记载。“陵阴”指的就是当时专门的皇家冰窖。负责冰窖的人被称为“凌人”。当冰取出来之后，会放在“冰鉴”里，也就是古代的“冰箱”，专供王室及臣子饮用。部分有钱人家都有专属于自己的冰窖，不过因为太占地方且费钱，所以普通人夏天如果想吃冰镇冷饮了，一般会直接喝井水，或者将饮品放入井里面，等冰凉了之后再喝。

《楚辞集注》里提到“挫糟冻饮，酎清凉些”，写的就是香甜可口的冰镇米酒。春秋时期还有柘浆、瑶浆等，就是将新鲜水果榨成糊状，冰镇或者加入冰后饮用，很像今日的冰沙饮料。只不过当时的农业还不太发达，所以只能用瓜果蔬菜作为原材料制作冰品，是纯天然、不含任何添加剂的健康饮品了。

杜甫写过：“公子调冰水，家人雪藕丝。”唐朝盛世，随着各方文化的交流，饮食越来越丰富。《大业杂记》里面记载：“夏有酪饮、乌梅饮、加蜜砂糖饮。”这个时期有各种用羊乳、牛乳、马乳制作的奶制冰品，特别流行，这也是传说中的“酪饮”。

唐代人学会了制作冰块的技术。《酉阳杂俎》里面记载，把硝石放入水中，水会慢慢变冷直到结冰。也就是从那时候开始，商人们会在盛夏时节制作冰品。唐朝《杜阳杂编》里面记载，冰品在当时很难得，所以商家特别赚钱，而经济不宽裕的家庭是吃不起冰品的。

唐代冯贽的《云仙杂记》里面有关于古代冰品的记载:“长安冰雪，至夏日则价等金璧。”可见唐时，冰块还是非常珍贵的。宋朝的名画里曾经画过当时的冷饮店，在刘松年的画作《茗阅赌市》，元代赵孟頫的《斗茶图》等画作中都有记载，种类之盛，令人叹为观止。

《东京梦华录》中记载了开封府州桥夜市的热闹场面，夜市的冷饮专卖店到夏天特别受欢迎，经常要营业到半夜三更天才结束。在宋朝人所写的《东京梦华录》《梦粱录》等书中，都记载了汴京、杭州等大城市的冷饮摊位，媲美如今的网红冷饮店。他们不只提供寻常的冷饮，还有一些限定款。当时的冷饮专卖店，有冰珠蜜水、砂糖冰雪冷团子、冰雪荔枝膏等各类冰品和饮料。其中夏日特供的雪泡豆儿水和雪泡梅花酒，是用鲜奶、果汁调制出的冰酪，都是当时避暑必备的美味。

《东京梦华录·州桥夜市》里面所提到的砂糖冰雪凉水，也是冷饮，加入沙冰之后特别清凉好吃。宋朝商人在果汁中加入冰块，做出五颜六色的冰沙，杨万里的《咏酥》诗里描述过其制作之精：“似腻还成爽，纔（才）凝又欲飘。玉来盘底碎，雪到口边销。”听起来是不是很好吃?

元代的元好问《续夷坚志》里说：“洮水冬日结冰，小于芡实、圆结如珠……盛行以蜜水调之，加珍珠粉。”讲的就是在冰酪里加入果浆和牛奶，做成美味的冰饮。为了只让皇室能够吃到这等美味，元世祖还特意颁布诏书，说除了王室之外不允许其他人制作，这个技术才一直没有外传。

元代的人们还会在“奶冰”里面加入蜜饯和果酱。马可·波罗在《东方见闻录》中记载，他在大都为官时很喜欢吃冻奶，这种冻奶就是在冰饮的基础上制作的冰激凌。

明清时期，冰的储存方法发展得更完善一些，出现了各种冰镇的饮品，譬如冰镇莲子汤、冰镇酸梅汤等。《燕京岁时记》写到冰镇酸梅汤“调以玫瑰、木犀、冰水，其凉振齿”。

而清代人在夏天的时候还会用碳酸气、酒石酸或者枸橼酸，加上糖和果汁造出汽水。古人的脑洞是不是非常大？虽然古代条件有限，但在吃喝上面，他们可一点儿都没耽误呢！

“冰”器谱

古人的冰箱名为“冰鉴”，制作工艺精美，对铸造技术的要求极高。冰鉴里可以储存冰块，特别适合用来制作冰镇饮品。

同时，冰鉴还可以当作古代的空调，里面的冰块散发冷气，可以在炎热的夏天助人解暑降温。

《周礼·天官·凌人》里面记载："祭祀供冰鉴。"可见从周朝开始就有冰箱了。冰鉴最开始是陶质的，到春秋年间变成了青铜质的，后来还有木质的，制作方法也不断改进。

冰鉴的内部构造主要可以分为两部分，一部分放冰，另一部分放酒、果汁等饮品。

明朝时，放置天然冰块的冰鉴一般是用黄花梨木或红木制作而成，成为皇亲国戚夏日必备的避暑"空调"。

一般冰鉴是方形的，两侧有铜环，主要是为了方便搬运，同时箱口盖着对拼硬木盖板，上面有一些镂空的小孔，方便透气和漏水，里面有一层锡来保护，设计得特别科学。

夏天的时候，可以将其中一块盖板取下来，在箱子里面放入冰块或者是瓜果饮料。

清朝时期的木质冰鉴名为"冰桶"，王公贵族和稍微富裕点儿的大户人家都能买得起。为了夏天能喝到冷饮，用上"冷气空调"，大家冬天时就开始准备了。只不过大部分人没有财力储存特别多的冰，所以夏天还是要扇扇子的。

青铜冰鉴主要用来放酒，鉴里面放冰块降温，而瓦器里面可以放酒水，味道甚佳。夏天不喝点冰镇的酒，怎么清心养性？

古人对酒具的制作要求特别高，会有失蜡、镶嵌、镂雕、浮雕等精美的制作技艺，这精巧细致的设计，也是和使用者的地位息息相关。

青铜冰鉴设计精巧，使用起来很方便，如需添加酒或者果汁，只需要打开容器的盖子就可以，就像是现代冰箱的开关门一样。它不仅可以用来冰镇饮品，冬天的时候在里面加入热水之后，可以通过热传导来温酒和其他饮料，一样实用。冬天喝热的，夏天喝冷的，古人的创造力和智慧真是一流的！

贰

我们来看看古人到底是怎么储藏冰的吧！

河湖和山谷的背阴处是取冰的最佳地点，取冰的时间就是寒冬时节。冰一般会被藏在凌阴、冰井、冰窖或者古代的“冰箱”冰鉴里面，第二年夏天就可以用啦！

白居易的《谢恩赐冰状》曾描述过朝廷盛典上，皇室赠冰的故事：“伏以颁冰之仪，朝廷盛典；以其非常之物，用表特异之恩。”可见冰对于古人，是很珍稀的东西。

准备藏冰的时候，需要挖冰窖，最好是地底很深很凉的地方，用稻草和芦席铺在地上，放上冰之后再盖上稻糠、树叶这种隔热的植物，最后再把冰窖的窖口封住。

听起来有点儿悬是不是？所以并不是所有的冰都能保存下来，冰的“存活量”只有三分之一左右，因而藏冰的时候，大家需要准备三倍多的冰量。

深井里面藏冰，也是一种方法。从战国时期就有冰井，而故宫里面就有五个冰窖，能藏两万多块专门供皇室使用的冰。

北方温度低，冰比较多，但是南方气候温暖的地区就很难收集到冰。

到了唐朝晚期，人们发现了硝石这种由硝酸钾组成的东西，在溶解于水的时候会吸热，降低水温，甚至会让水结冰。从那以后，硝石被用于制冰。

硝石可以通过土壤里面含氮有机物质被细菌分解，氧化成硝酸后与土壤中的钾素化合而成，秋天时在地面和墙角的“地霜”就是硝石。工匠将硝石溶于水，并且在周围更大的容器里面放入干净的水，就可以借用硝石吸热将水结成冰。

自从发明了制冰技术，古人的冰品种类就多了起来。除了酥山、豆沙冰山、雪花酪、酸梅汤、冰镇琥珀糕、冰镇果子干、杏仁冰豆腐，还有冰激凌等一系列冰凉的甜品。就连唐墓壁画里，也有很多人一起吃“酥山”冰沙的场景。

【本章参考文献】

《诗经》《周记》《楚辞集注》《大业杂记》《酉阳杂俎》《唐摭言》《云仙杂记》《东京梦华录》《梦粱录》《千金方》《续夷坚志》《东方见闻录》《燕京岁时记》《周礼》《春秋》《左传》《礼记》《三国志》

微信聊“冰水”vs“热水”

“00后”小于：你知道吗？我们现代有个说法，热水可以“治疗”一切。

宋朝小李：是吗？我们古代人很喜欢喝冷水。

“00后”小于：怎么说？

宋朝小李：比如汉朝人一般会喝冰凉的井水，才有“令人掘井，所以备渴饮”的说法。

“00后”小于：井水能直接喝吗？

宋朝小李：那当然，所谓“居当近水泉，所以备渴也”。除此之外，我们住房的标配还有泉水、江水等，反正水就是很重要的。据说巴郡江州地区水质特别好，我们还会用它做制作成药丸，可以食补哦！

“00后”小于：那你们夏天喝什么呢？

宋朝小李：我们夏天喜欢喝冰镇酒水，或者甜水。有钱人可是人手一个冰箱呢！

“00后”小于：哇，古代科技这么发达吗？

宋朝小李：是啊！只是我们的防腐技术没有现代强，加上战乱不断，所以不是总能吃到冰的。

“00后”小于：好在现在便利店里什么都有了，我们吃什么喝什么都很方便！

卷三

玩乐

第一章　乐享生日派对

壹

生日对于每个人而言，都是一年当中最重要的纪念日，因为这一天象征着我们来到这个世界的第一天。现代人过生日是吃蛋糕，那么古代人怎么过生日呢？

在古代，年长的人过生日，晚辈们都会去祝寿、贺寿或者拜寿。但在南北朝以前，年轻人是没有过生日习俗的，《诗经·小雅·蓼莪》里说“哀哀父母，生我劬劳”，因为要在生日那天要体谅父母的辛苦，所以不仅不能开派对庆祝，反而还要做出伤心的模样。

直到南北朝时期的颜之推所写的家训《颜氏家训·风操篇》里提道："江南风俗，儿生一期，为制新衣……自兹已后，二亲若在，每至此日，尝有酒食之事尔。无教之徒，虽已孤露，其日皆为供顿，酣畅声乐，不知有所感伤。"由此可见魏晋以后，在江南地区开始流行过生日、设酒席的活动。

《新唐书·礼乐志》里面有记录说："太宗生于庆善宫。"唐太宗对生日和出生的地方非常看重，他曾经写过《幸武功庆善宫》和《重幸武功》，表示对于出生之地和父母养育的感恩之心。唐太宗还跟长孙无忌说："今日是朕生日，俗云'生日可喜乐'，以吾之情翻感思！"他将自己的生日定为降诞日。从那以后，皇帝的生辰开始有了专门的庆贺仪式，算是举国同庆的节日。

古代的生日宴会中不可缺少的就是汤饼或者面条，所以参加生日派对的客人们也被称为"汤饼客"。

开元十七年（729 年），唐玄宗过生日，在花萼楼大摆酒席，款待文武百官。皇上的诞辰被命名为"千秋节"，是唐朝的国家法定节假日。《旧唐书》卷九《玄宗本纪下》里面说的"（天宝七载）秋八月己亥朔，改千秋节为天长节"，体现了希望长寿平安的期许。而朝廷命官也需要给皇上准备礼物，比如万寿酒、金镜绶带和丝质承露囊。全国不用上班，放三天假不说，大家还受邀参加各种派对宴会，吟诗作对，各种杂技表演无所不有。

此后，历朝皇帝开始效仿过诞辰、寿辰的习俗。

北宋时期，皇上的寿宴上必须有文武百官入朝“上寿”，同时还有二百多名儿童组成队伍，穿着锦衣华服，跨雕箭、执锦仗，扮成各少数民族的模样来献宝，盛大的场面非常热闹。北宋的皇帝喜欢将自己的生日定为节日：太祖的生日二月十六是长春节，太宗的生日十月初七是寿宁节，真宗的生日十二月初二是承天节。

清朝时期，皇帝的生日可谓“普天同庆，天下大赦”，这一天被称为万寿节，意思是万寿无疆。这一天就像春节一样热闹，京城里面的街道都会用彩画和布匹装饰得五彩斑斓。万寿节期间，百姓不允许屠宰，连穿素衣都不允许，必须穿好看的、有颜色的衣服。文武百官放假，不用上班，刑部的案子不予受理，大家只管穿着官服开开心心地参加皇上的寿辰，行礼贺寿，贡献贺礼。

一般的寿礼是如意、盆景、钟表、插屏、漆器、织绣等好看的奇珍异宝，纹饰一般凸显“福、寿、吉祥”等字样。皇帝宴请群臣，各种山珍海味特别丰盛。一般“寿宴”包含热菜二十品，冷菜二十品，汤菜四品，小菜四品，鲜果四品，瓜果、蜜饯果二十八品，点心、糕、饼等面食二十九品，共一百零九品。菜肴主要以鸡、鸭、鹅、猪、鹿、羊为主，配菜有木耳、燕窝、香蕈、蘑菇等。

所有的美食都要等皇上到了，才能上桌。寿宴一般选在中午，在下午三至五时结束，差不多四个小时。大家吃完热菜、汤菜之后，还有奶茶喝。

古代百姓过生日也非常讲究。顾炎武在《日知录》里面说："是此礼起于齐梁之间。逮唐宋以后，自天子至于庶人，无不崇饰。"可见不论社会阶级，生日渐渐成为人们生活的礼俗一部分，唐宋之后尤为盛行。

中国人对生日的看重，在某种程度上是受到了佛教的影响。佛教从两汉时期传入中国，唐朝时进入鼎盛时期。佛教看重诞辰日，所以佛教中的很多节日都是佛或者菩萨的生日。例如四月初八佛诞节是释迦牟尼诞辰的日子，正月初二是弥勒圣诞，二月十九是观世音菩萨圣诞，二月二十一是普贤菩萨圣诞，三月十六是准提菩萨圣诞，四月初四是文殊菩萨圣诞，七月十三是地藏菩萨圣诞，九月三十是药师佛圣诞，十一月十七是阿弥陀佛圣诞。

《荆楚岁时记》里面记载，佛教传入中国之后，荆楚地带在"四月八日……以五色香水浴佛，共作龙华会"，可见佛诞日浴佛已经成为当地的民俗。《魏书·释老志》里面记载魏太武帝“遵太祖、太宗之业……于四月八日，舆诸佛像，行于广衢，帝亲御门楼，临观散花，以致礼敬”，当时已经形成了相关的礼俗。《洛阳伽蓝记》里面还有很多百姓在民间“行像”的活动，大家像花车游行一样，载着佛像祭拜。

唐宋时期，佛诞日逐渐变成中国传统节日的一部分，也潜移默化地影响了人们对于生日的看法。既然佛祖会庆祝生日，那我们的生日是不是也应该来点儿特别的仪式？

古代的生辰指的是年轻人的生日。《说文解字》里面记载：“寿，老年。”又说：“寿，久也。”《尚书详解》中记录：“一曰寿，二曰富，三曰康宁，四曰攸好德，五曰考终命。”而“寿”作为“五福”之首，一般指的是长辈过生日，比如六十岁以上的人。祝寿也被称为拜寿、贺寿、庆寿、做寿、过好日子等等，而给青壮年或者幼儿过生日的时候说成“做寿”，会被当作不祥，认为其会导致折寿、短命。

做寿分为寿诞、寿礼、寿宴，一般是十年一次的大日子。对于孩子的生日，有不同的称呼。比如婴儿满岁的时候，被称为“抓周”；而孩子的十岁生日被称为“长尾巴”，亲朋好友送来的礼物一般是衣物和食物；青壮年时一般不会请客过生日，俗谚称为“不三不四”，一般就是多吃点儿肉和蛋就满足啦。

四十岁因为四与死发音相似，所以不流行做寿。一般情况下，寿庆是从五十岁开始的，名为“大庆”；六十岁以上被称为“上寿”；两老同寿则被称为“双寿”。儿女们应当为父母做寿。

谚语说“三十、四十无人得知，五十、六十打锣通知”，还有“做七不做八”之说，意思五十岁、六十岁、七十岁的寿辰要大张旗鼓地庆祝。八十岁一般不庆寿，部分地区也有补寿、添寿的说法，指的是提前一年过寿辰。

男子过生日，有“做九不做十”的说法。女子过生日，有“做足不做零”的说法。不过有的地区，男女都一样，都是“贺九不贺十”，意思就是“过虚不过整”，比如只过三十九岁的生日，不过四十岁的生日。

古人还有一个说法，不贺百岁寿，意思是一百岁的人“满易招损”，容易盛极而衰。不过说实话，古人能活到百岁的，真是极少数了。

能够有钱大办寿庆的，都是大户人家或者皇亲国戚。过生日的时候除了要吃寿面、鸡蛋、茶点之外，还会奉以用米粉或面粉蒸成的寿桃。年龄越大，寿桃就越大。

庆寿的时候，寿堂里面一般会挂上金色的“寿”字，或者“福如东海大，寿比南山高”等吉祥话。寿辰前夕，古人会点亮蜡烛、叩拜先祖，子孙和晚辈也会行叩拜之礼。亲朋好友登门造访，敲锣打鼓放鞭炮，十分喜庆。寿宴结束后的“回拜”，指的是寿星或者儿孙回访赴宴的长辈。

有一个习俗说，寿宴上虽然可以有歌舞奏乐，但是最好不要无意间打碎碗碟，这是不祥之兆。

相比古人，现代人过生日可就没那么讲究啦，礼仪也没有古人那么烦琐了。

古代过生日之名人趣事

《红楼梦》里面有关于宝玉过诞辰的描述节选，大摆寿宴不说，还要祭天敬人，寿礼也是收获颇丰。

“当下又值宝玉生日已到，原来宝琴也是这日，二人相同。因王夫人不在家，也不曾像往年闹热。只有张道士送了四样礼，换的寄名符儿；还有几处僧尼庙的和尚姑子送了供尖儿，并寿星纸马疏头，并本命星官值年太岁周年换的锁儿。家中常走的女先儿来上寿。王子腾那边，仍是一套衣服，一双鞋袜，一百寿桃，一百束上用银丝挂面。薛姨娘处减一等。其余家中人，尤氏仍是一双鞋袜，凤姐儿是一个宫制四面和合荷包，里面装一个金寿星，一件波斯国所制玩器。各庙中遣人去放堂舍钱。又另有宝琴之礼，不能备述。姐妹中皆随便，或有一扇的，或有一字的，或有一画的，或有一诗的，聊复应景而已。这日宝玉清晨起来，梳洗已毕，冠带出来。至前厅院中，已有李贵等四五个人在那里设下天地香烛，宝玉炷了香。行毕礼，奠茶焚纸后，便至宁府中宗祠祖先堂两处行毕礼，出至月台上，又朝上遥拜过贾母、贾政、王夫人等。一顺到尤氏上房，行过礼，坐了一回，方回荣府。先至薛姨妈处，薛姨妈再三拉着，然后又遇见薛蝌，让一回，方进园来。晴雯麝月二人跟随，小丫头夹着毡子，从李氏起，一一挨着，长的房中到过。复出二门，至李，赵，张，王四个奶妈家让了一回，方进来。虽众人要行礼，也不曾受。回至房中，袭人等只都来说一声就是了。王夫人有言，不令年轻人受礼，恐折了福寿，故皆不磕头。这里探春又邀了宝玉，同到厅上去吃面，等到李纨宝钗一齐来全，又遣人去请薛姨妈与黛玉。因天气和暖，黛玉之疾渐愈，故也来了。花团锦簇，挤了一厅的人。谁知薛蝌又送了巾扇香帛四色寿礼与宝玉，宝玉于是过去陪他吃面。两家皆治了寿酒，互相酬送，彼此同领。”

贾宝玉一个富家公子过生日都这么讲究，一国之君的生日更应该纷华靡丽。不过宋太祖赵匡胤过生日的礼仪，倒是十分有趣。

人家过生日，吃的可是“外卖”！

新朝建立，百废待兴，为了国库着想，赵匡胤想省钱，但是没想到群臣都进宫来庆贺，赵匡胤心里开心，心想人都来了怎么能不招待大家？只不过厨房人手不够啊，大家都回家过年了！他情急之下，决定让宫人出去叫了外卖回来。当时的外卖也是有“平台”负责接单的。所以宫人也是出去跟专门订外卖的商家下订单，然后他们会将订单交到酒楼，酒楼会派专门的送餐小哥把外卖送到家，连食盒都是保温的哦！

光禄寺的官员负责场地的装潢，而御膳房的负责人和内库里的太监马上麻溜儿地摆好了桌椅和酒水。只不过大家喝了半天酒了，外卖小哥还没把饭菜送到。还好宫里有人摆上了干果水果和羊肉刺身，这才填饱了大家饥肠辘辘的肚子。

赵匡胤自从生日用外卖宴请群臣之后，就说自己以后每次过生辰都吃外卖了。这样不大设酒宴，也算以身作则，倡导节约的风气。

宋朝后面的皇帝因为太祖爷的表率，纷纷效仿。所以宋朝最流行的就是在过生日时吃外卖，而全国的茶馆都争先恐后地想要挤到皇上跟前，在皇上过寿辰时献上自己的手艺。如果皇上夸赞过，那岂不是千金难买的“广告代言”？只不过，可不是什么商家都能入皇上的法眼。开封府官员和御前侍卫需要仔细检查筛选每一家酒楼餐馆。

清朝的康熙皇帝为了庆祝六十岁生日，曾经邀请了几千名长者，举办了大名鼎鼎的千叟宴。大家的年龄加在一起，都可以飞升上仙了！

乾隆皇帝也曾效仿康熙，举办千叟宴。只不过后来没人这么做了，一是古代医疗水平低，大家的寿命都不长；二是一起吃饭比较累，那么大老远地来到北京吃饭，有点儿过于兴师动众了。

贰

古代宴席上的游戏很多。民间流行喝酒划拳。飞花令这种古人饮酒聚会时的文字游戏，是文人骚客的最爱，很多千古名句都是在这种游戏聚会上流传下来的。像孟浩然、王维、李商隐等大诗人，都非常喜欢参加这种活动。

古代的酒令也叫“行令饮酒”，这样大家能够在喝酒时互相了解，喝得也能更多一些。一般情况下，有一个令官，其他人听令，按照规则玩就可以了。有搳拳、猜枚、巧编文句，还有其他自己创编的游戏规则，和现在大家聚会时玩的骰子、二十一点或者你演我猜很像。完不成任务的话，可能会被惩罚或者被劝饮，就像是玩真心话大冒险的时候要接受挑战一样。所以酒令还是比较公平的，对于人多的场合，运气很重要，同时也需要一点儿小智慧。

成语“画蛇添足”出自《战国策》，讲的是一群人为了争夺一壶酒，比赛谁画蛇最快。这就可以看作最早的酒令了。《战国策》是西汉刘向所编撰的史书，可见酒令的历史至少有两千多年了！

酒令主要分为以下几大类。

第一种是流觞传花类，也被称为“曲水流觞”，名字就很好听，是专门在饮酒时候玩的。最大的一次流觞活动，是永和九年（353 年）三月初三在绍兴兰亭举办的，当时大书法家王羲之和各位友人聚会在九典水池之滨，著名的《兰亭序》也是从这里流传下来的。“流觞”的意思就是漂流的酒杯，大家席地而坐，在水的上游放一只酒杯，顺流而下。这酒杯停在谁面前，谁就必须喝酒作诗。

有些人也会用花来代替酒杯，如果恰好玩行酒令的时候没有水，那大家就击鼓传花。鼓声止，传花亦止，花在谁的手上，谁就要起来饮酒作诗。宋朝孙宗鉴在《东皋杂录》里记载“城头击鼓传花枝，席上搏拳握松子”，可见击鼓传花在唐朝非常流行，和曲水流觞之饮酒行令的文化有着异曲同工之处。

第二种酒令游戏，主要是手势类的。比如搳拳，也被称为划拳、豁拳、拇战，两个人同时出手，猜对方伸出的手指一共有多少根，猜对的就算赢。因为是互猜的游戏，所以也被称为猜拳。 两人需要做的，就是同时喊出一个数，如果都猜对，就一起喝酒。一个人猜对了一个人猜错了，那就猜错的人喝酒。如果都没有猜对，就重新“开拳”。每个人最多出五根手指，最多喊十个数。搳拳玩起来比较方便，所以古人对其的喜爱一直没有改变过。

还有一种骰子类，顾名思义就是拿骰子玩的。过去的骰子和现在一样，一般是一个小的正立方体，用兽骨、玉石等白色材料做成，一共有六个面，上面分别刻着代表一、二、三、四、五、六的圆形小点。行酒令的骰子，一般四点都会被涂成红色，其他的都是黑色。撒骰子的时候肯定是随意的，一般大家就是握住骰子，然后扔到桌子或者盘子里，或者在骰盘内盖上盖子使劲摇，停下之后打开看有多少个色点，故而骰子也有个名字，叫作色子。

猜枚类的游戏也是古人喝酒必备的一种酒令，玩起来也很简单。行酒的人会拿一些小东西，比如棋子、瓜子、钱币一类的，让其他人猜。一猜单双，二猜数目，三猜颜色。猜对了就算赢了，输的话要喝酒！

筹类游戏同样盛行，本来筹只是用于计数的，在酒宴上被称为觥筹或酒筹。唐代王建《书赠旧浑二曹长》诗：“替饮觥筹知户小，助成书屋见家贫。”所以筹在酒令中的第一个作用，就是用来记录酒量的。酒量大的，一般代表的是大户，而酒量小者便是小户。有多少觥筹，就要喝多少酒，自己如果喝不下，就得找人代饮。

酒令如军令，如果有人敢违规，那么就会受到惩罚。那是一种特制的酒筹，形状一般是旗状或纛状，就像是现在球类比赛的亮牌一样。

骨牌类的游戏也非常有趣。骨牌通常是以竹为背，以兽骨为面。两块以燕尾榫互相铆合的长方体，有的“牙牌”是用比较名贵的象牙制作而成的，一共有三十二张，点分为红绿两色，每张牌有不同的名字。比如天牌上面上下皆六点，地牌上面上下皆幺点，人牌上面上下皆四点，和牌上面上为幺点，下为三点。

用骨牌行酒令的时候，需要通过观察骨牌的色点，用相关的诗词歌赋或故事相呼应。升级版的游戏可能会一连翻出三张骨牌，得配合这三张牌来对句押韵才行。

游艺类的酒令一般是像杂耍一样，以动作为主。比如一个人耍戏法，要求其他人模仿。现代人玩的“拍七令”就是类似的酒令，一圈人一个接着一个来说数字，只要遇到七或者七的倍数，就需要以拍手取代，做错了就需要喝酒。

谜语类的酒令顾名思义，就是需要说谜语啦，玩法多样，猜文学作品或者诗词歌赋、人物地名都可以。“求底令”是其中的一种，一个人出谜面，其他人来猜。猜得不对就要被罚喝酒。“配面令”也是一种玩法，就是一个人直接说出谜底，其他人需要说与之相配的花。比如这里要求的是“一”，大家说的话就必须跟“一”有关，比如“大干快上，个个有份”“天上有它，土下有它，画上面也有它”“上不在上，下不在下”等。

文戏类酒令主要玩的是文字游戏，大约从唐朝开始兴起，主要在宋朝流行。不论玩的是“接诗词”，还是“字体变化”，或者有趣的引用，考验的都是玩家的文学修养和随机应变能力。

“阄”指的是古人做选择的时候所用的一些物具，作用是保证选择和决断的平等性和随机性。比如当大家想要玩一个公平游戏的时候，可能就会用抓签或者选记号的方法。这种酒令被称为阄令，和筹令差不多，现场制作都可以。比如这一局两个人都应该被罚，具体罚谁，那就抽签决定吧！

【本章参考文献】

《诗经》《仪礼》《礼记》《周礼》《颜氏家训》《新唐书》《旧唐书》《日知录》《魏书》《洛阳伽蓝记》《篇海类编》《说文解字》《尚书》《红楼梦》《战国策》《韩诗外传》《东皋杂录》

著名的古代派对宴会

鸿门宴

秦朝末年，刘邦和项羽分别起兵。刘邦率先攻破咸阳，项羽不服输，听说刘邦要在关中称王，他怒火中烧，决心第二天去攻打刘邦的军队。

项羽的叔叔项伯将这件事告诉了刘邦，刘邦知道自己打不过项羽，赶紧向私交项伯表达了谢意和尊敬，说服项伯向项羽求情。在项伯的求情下，项羽第二日办了一个酒宴，这就是大名鼎鼎的鸿门宴。

鸿门宴上，项羽的谋士范增想要杀了刘邦，但项羽没有答应。范增只好让项庄假装舞剑表演，实则意图刺杀刘邦。项伯发现了他的目的，便拔剑也起舞，以此来保护刘邦。

后来在刘邦的卫士樊哙的搅局下，刘邦趁机逃走了。

杯酒释兵权

作为宋朝第一个皇帝，赵匡胤因为担心手下一些大将功高盖主，所以特意安排了一场酒宴，令禁军将领石守信、王审琦等重臣前来赴宴。宴会之上，赵匡胤赠了他们金帛田宅，许诺众人一世衣食无忧、颐养天年，但收回了他们手中的军权。赵匡胤的方法既可以防止兵变，也稳固了自己在朝廷中的地位。

司马光与苏东坡斗茶斗智

古代派对除了喝酒，喝茶也可以。古人爱茶，还流行“斗茶”。

据说有一天，司马光约了好朋友来家里斗茶。大家都带上了自己认为最好的茶过来，一起闻香品味。来的人都是著名的文人雅士，吃货苏东坡也在其中。

当时的饮茶观念里，认为白茶是最好的，而恰好这次小茶宴当中，司马光、苏东坡带的茶都是顶尖的白茶。

苏东坡用的水是上雪水，甘甜纯净，所以评分稍微高一些。司马光不服气，故意难为苏东坡，说：“茶欲白，墨欲墨；茶欲重，墨欲轻；茶欲新，墨欲陈。君何以同爱两物？”这道题比较难答，但怎么能难倒我们大才子苏东坡呢？苏东坡反问苏马光：“奇茶妙墨俱香，公以为然否？”如此回答，大家都心悦诚服。毕竟茶墨相得益彰，文人必备啊。

第二章　放假怎么玩？

壹

现代人的青春大多数都是在学校里度过的，古人也不例外。其实上学这件事，从原始社会的时候就存在了。

教育的重要性主要是总结和传递经验，传授技能和学识，提高下一代人的生产力和整体的思想境界。随着社会的不断发展，教育对于经济和政治至关重要。教育的对象是成长中的人，通过其身心发展的规律需要做到因材施教。因而古代的教学活动一般会根据社会阶级和技能分成不同的种类，同时鼓励启发和创新，培养学生一技之长。

三千年前的教育事业发展得还不够充分，主要是模仿和言传身教。当时已经有象形文字了，专门教授文字的学校被称为“成均”，是学校的雏形。

《孟子·滕文公上》里面说：“夏曰校，殷曰序，周曰庠（xiáng）。”在夏朝之后，才正式有了“校”，以教学为主。到了商朝，学校被称为“序”，而在周朝被称为“庠”。

“序”分为“东序”和“西序”，王宫之东的“大学”是专门供皇亲贵族上学的地方，而国都西郊的“小学”是普通老百姓上学的地方。

随着经济的发展，商朝开始重视人的文化水平，学校的种类开始多样化，产生了“学”和“瞽（gǔ）宗”。“学”分为国老的“左学”和庶老的“右学”，主要也是分为贵族学校和普通学校。在“学”里面学习的主要是人伦道理，而“瞽宗”则以习乐为主。

西周时期是奴隶社会，学校主要分为国学与乡学两种。国学是为贵族子弟设定的，和现在的学校体系一样，按照年龄和成绩分为大学和小学。乡学有塾、庠、序、校这几种，略有地域差异。学生从塾升学于庠、序、校，优秀的学生可以升入国学或者大学。

西周有“学在官府”的说法，不过一直到汉朝才正式出现由朝廷专门设立的中央官学。

汉武帝元朔年间，有太学博士弟子五十人，到汉成帝时有三千人，到质帝时期太学生已经多到三万余名。

东汉末年开始有了专科院校，比如鸿都门学，还有南朝的史学、儒学、玄学，以及唐宋明分别创建的书学、算学、律学、医学、画学、武学等学校，都是培养专门技能的院校。除此之外还有一些特殊的学校，像唐朝咒禁学、崇玄学等，听起来就比较玄幻。

贵族学校的代表有东汉的四姓小侯学，唐朝的弘文馆，宋朝的宗学和诸王宫学及内小学，明朝的宗学，清朝的旗学、宗学，这些都是面向贵族招生的学校。

还有一些短期学校，属于官学，但是因为学期比较短，所以称为“短学期”。宋代的外学，也被称为辟雍，还有广文馆和四门学都是短学期学校。

西汉景帝时期开始有了地方官学，汉平帝元年时期开设了地方学的制度。东汉时期“学校如林，庠序盈门”，大家都乖乖上学。

隋文帝时期设立了国子寺，到隋炀帝时改名为国子监，是专门管理教育的机构，教书育人，培养国家栋梁之材。

唐朝盛世，教育系统发展得非常迅速。地方官学长史管辖“儒学”，除此之外还有太医署的“医学”和中央礼部下的“崇玄学”，内容也是“三礼三传易书诗”为主。

宋辽金时期，除了专门负责教育的行政官员，还有三舍制度，分为上舍、内舍和外舍。

“经术行义训导诸生，掌其课试之事，而纠正不如规者”的教学内容和唐朝时期非常相似，主要是以儒学为主。元朝到明清都有学校，同时在偏远地区也会设办社学。

除了公办学校之外，古代还有私立学校。

私学教育在春秋时期就有了，其中最有名的私学应该是孔子的了。

当时作为我国从奴隶社会到封建社会的转型期，“学在官府”也逐渐蜕变为“学在四夷”。私学和百家争鸣，也是在这个历史时期出现的。

春秋战国时期主要的四大学派有儒家、墨家、道家和法家。孔丘为儒家学派的创立者，有三千弟子和七十二门生，主要以《诗》《书》《礼》《易》《乐》和《春秋》为教科书，帮助学生全面发展。《诗》就是文学课程，《书》代表的是政治内容，《易》指的是数学课，而《礼》涵盖的是道德层面的内容，《乐》指的是艺术类的课程，最后《春秋》则为历史课。

儒家思想讲究“学而不厌，诲人不倦”，主要是以学生修身养性为中心，强调思考的科学教学法。只不过因为儒家教育对于理科的内容涵盖得比较少，所以如果能够结合墨家所强调的农业教育和动手能力，更加相得益彰。

汉武帝时期罢黜百家、独尊儒术，但是并没有完全禁止私学。所以当时很多私立学校的地位越来越高，甚至在东汉末年，马融、郑玄等古文经学大师的私立学校的人数已经超过了公立学校。

古文经学也被称为“汉学”，主要分为“蒙学”和“精舍”这两种。“蒙学”指的是小学程度的启蒙教育，而“精舍”代表的是专门攻读经学的高等院校。

“空有建学之名，而无弘道之实”，魏晋南北朝时期的官学逐渐没落，但私学却日益昌盛，名家讲坛比比皆是，学生成百上千也司空见惯。大家需要学习的内容除了传统的儒学之外，玄学、佛学、道教，还有科学亦涵盖其中。萧梁周兴嗣的《千字文》和颜之推的《颜氏家训》都是魏晋南北朝的产物，这些私学教材后来还传入了日本。

唐朝时期的私学更多了，只不过有的规模比较大，有的比较小。像颜师古、孔颖达这两位名官，曾经都是私立学校的老师，主要以教学为主。

宋元明清时期，书院发展迅速，间接促进了私学的发展。这些学校的主要教学材料还是《百家姓》《三字经》《千家诗》《杂字》。

唐朝时就有书院了，但主要是在宋朝兴起。书院有着千年的历史，其办学特色和管理教学法各不相同。

唐开元年间的丽下书院和集贤殿书院虽然名为“书院”，其实只是国家的图书馆，并不是用来教学的。后来的几家私人学校，例如皇寮书院、梧桐书院、松竹书院、东佳书院，主要是以讲课为主的。

著名的岳麓书院、白鹿洞书院、应天书院、嵩阳书院、石鼓书院、茅山书院和华林书院，都是在两宋时期发展起来，所有的书院加起来有几百所，这些私人书院还受到了官府的赞助，所以起到了替代或者补充官学教学的目的。可见在宋朝时期，学术自由和学术研究发展到了一个新阶段，私学推陈出新，在一众官学中脱颖而出。

《春明梦余录》中写到“书院之设，莫盛于元”，书院在元朝同样兴盛，共有二百多所书院。书院的兴起一是因为政府的支持，二是民间儒学大家自由讲学的原因。政府为了更好地控制人民的教育和思想，也会授予学院讲师官职，同时学生毕业之后也需要经过国家考核才能入朝为官。

明朝时期，文化教育的重点主要在官学而非书院，只是因为科举制度的原因，有一些士大夫迎合学生的需求，创建了复兴书院，主要帮助国家培养复读生。后来，源自宋朝的传统书院制度渐渐恢复，统治者为了加强思想控制，出现明世宗嘉靖十六年（1537 年）下令禁毁各地书院的事情。可见在封建社会，学术和思想的自由化也带来了一些矛盾。

清朝时期尊崇儒家一派，康熙、雍正之后私人创办的书院逐渐兴起。康熙曾下发御书“学达性天”的匾额给白鹿洞书院、岳麓书院，御赐“学道还淳”的匾额给苏州紫阳书院。雍正对于书院也是积极认可的，而乾隆在经济支持和书院的普及化上做了更多的贡献，因此造成了“书院官学化”，当时的书院也就是和普通的科举官学别无二致了。

总的来说，从唐朝到清朝，书院的发展历尽坎坷，逐步完善和成熟，对现代国人的教育也有着深远的影响。除了教书讲学之外，书院也负责藏书和祭祀。藏书就像图书馆一样，一般来源是皇帝赐书、私人捐赠、书院自己购买或者刊印，并且有各自借书的规则。

虽然书院提倡学术研究的自由和学习的主观能动性，像现在的大学研讨会一样，鼓励学生建立学派，从不同的论点来看待实事，反对死记硬背、纯为科举而学的教育理念，书院里学习的生活看起来非常融洽，但是女子一般不能上学。

不过历史也都是变化的，并不是所有的朝代，女子都不能学习。

东汉临朝的邓太后曾下过一道懿旨，召集五岁以上的皇室和邓氏子女共七十多人，专门去特别的学馆里学习，而监学老师，就是太后本人。这也算是为女子上学的历史开启了一个突破点。

“傅母之教”就是另外一个很好的例子，傅母指的是给贵族女子专门安排的老师，在秦朝时期就已经出现了，主要是为了负责贵族少女的言行、礼仪、品德各方面的教育。

《元史·列女传序》里面说：“古者女子之居室也，必有傅姆师保为陈《诗》《书》《图史》以训之。”同时，《礼记·内则》里也有相关记载：“女子十年不出，姆教婉娩听从，执麻枲，治丝茧，织纴组紃，学女事以共衣服，观于祭祀，纳酒浆、笾豆、菹醢，礼相助奠。”由此可见，傅母要教授除了文学知识之外，还有纺织、做饭等家事。所以对傅母的要求也非常高，必须要德才兼备。

《白虎通德论》里面记载：“国君取大夫之妾、士之妻老无子者而明于妇道，又禄之，使教宗室五属之女。”东汉才女班昭也“赖母师之典训”，足不出户也可以在家里受到和男子一样的教育。

而傅母和学生的关系，就像是国外的“仙女教母”一样，既是师生也是母女，傅母会一直陪伴在学生身边。春秋齐国公主庄姜在嫁给卫庄公后，打扮得比较妖娆，她的傅母就曾提点过她，希望她能够明白自己的位置，以身作则，做百姓的典范。

两汉时期，一般只有贵族和皇家的女子才能上学。宋朝之后，很多普通人家的女子也能和男子一同读书了。宋朝小说《醉翁谈录》讲过静女的故事：“早孤，喜读书。母令入学。十岁，涉猎经史。”虽然是小说，但内容也不可能是毫无根据地出现的。

当时大多数的女子，都是和家庭里的亲朋好友们一起来上学。《能改斋漫录》里面的《浪淘沙》讲的就是宋宣和年间的才女幼卿和表兄一起上学，对其产生了爱慕之情，但最后没有修成正果的故事。

明末清初的王端淑也是才女一枚，父亲有个八个儿子，但都不如她这一个女儿。当时她也和哥哥弟弟们一起上学，看《四书》《毛诗》，有过目不忘的本领，后来撰写了《名媛诗纬》，以女性的角度谈文学。

清朝《御定内则衍义》记载，明朝有一位贾姓女子，书读万卷，后来靠开书馆过上了自给自足的日子。像这些专门设立“女馆”或者女校的才女们，为女孩的教育事业贡献了一份力量。

同时，名门望族的父母也是大家闺秀的第一任老师，可谓父母之教。比如东汉末年的蔡文姬，就是父亲蔡邕亲手栽培出来的，她可以将四百多篇典籍倒背如流，不仅通乐理，还极富文采。

前秦的“宣文君”宋氏也是一位才女，虽然从小没有母亲，但是在父亲的细心教育下，学习了典籍《周礼》。国君苻坚视察太学时，有人推荐宋氏为“宣文君”，请她设立讲堂教授众人《周礼》。放在今天，就算是女教授了。

明代女诗人沈宜修，虽然没有正式进过学堂，但是家族里的人都是知名的文人雅士。她的伯父沈璟为戏剧理论家和剧作家，她的胞弟沈自征的杂剧《渔阳三弄》，包括《霸亭秋》《鞭歌妓》《簪花髻》这三剧，被誉为明朝“北曲第一”。虽然沈宜修的亲生母亲很早就离世了，但她小时候跟母亲一起读书览史，曾被称为“天资高朗，真有林下风气”。

后来沈宜修有了自己的孩子，她在家里亲自教授三个女儿，将她们培养成了诗词歌赋样样精通的才女。沈宜修的丈夫将妻女的文学作品整理成《午梦堂集》，沈宜修写的是《鹂吹集》，女儿叶纨纨写的是《愁言》，女儿叶小纨写了《存余稿》，还有女儿叶小鸾写了《返生香》。可见，父母的教养对下一代成长有多大的影响。

古代假期一览

古代需要上学和上班，那肯定就有相关的假期了。总的来说，只要遇到天气变化、名人大事、家庭变化，或是特殊的自然现象，都是会放假的。

天气变化最显著的就是节气了。比如立春、立秋、立冬这些节气，都会放假一天。夏至白昼最长，天气较热，会放假三天。冬至白昼最短，天气比较寒冷，一般会放假七天。中秋节、腊八节、端午节这些重要的节日，和现在的国家规定一样，一般是放假三天。其他的小节日的话，至少会放一天的假期。重要的节日，像春节、清明节这种，都是七天的假期。

最初的官员休假制度起源于汉朝。当时的假期有个很可爱的名字“休沐”，意思是洗澡和休息。《通鉴纲目》里说“吏五日得一休沐”，指的是官员每工作五天就休息一天。

《太平御览》里面说：“内外官五月给田假，九月给受衣假，为两番，各十五日。”五月的十五天“农忙假”，看上去是放假，其实主要是为了鼓励大家下地干活。而九月的“受衣假”，指的是收割季节的时候，大家除了忙着丰收，还需要准备过冬的衣物。

遇到名人大事或者重大变故，是必须放假的。比如皇族成员或者重臣去世，都会放假。而遇到生辰，比如佛祖释迦牟尼的诞辰还有孔子、老子的生日，也会放假一天到三天。唐朝没有国庆，皇帝的生日“千秋节”便是国庆。唐玄宗李隆基过生日时举国上下休息三天，《新唐书》也描写过“千秋节”的景象：“每千秋节，舞于勤政楼下，后赐宴设酺，亦会勤政楼。其日未明，金吾引驾骑，北衙四军陈仗，列旗帜，被金甲。”《文献通考》记载：“教坊大陈山车、旱船、寻橦、走索、丸剑、杂技、角抵戏……又引大象、犀牛入场，拜舞动中。”所有地方张灯结彩，各种杂技表演看得人眼花缭乱，极为盛况。

现代人结婚有婚假，古代人也一样，毕竟大家还是比较明事理的！古人二十岁的时候有“加冠礼”，可以放假三天。如果是自己或者子女的婚事，一般放假九天。如果有亲属结婚或者成年了，可以根据关系的远近批假期。如果工作的地方离父母比较远，还有专门为探亲所设的“省亲假”。父母在三千里之外的探亲假一年有三十五天，父母在五百里以外的探亲假每年有十五天，假期时长还是比较合情合理的。

如果天有异象也会给大家放假。《唐会要》里面记载，唐德·宗贞元八年（792 年），“十一月壬子朔，日有蚀之，上不视朝”。《旧唐书》天佑二年（905 年）记载：“五月己未朔，以星变不视朝。”在遇到日食或者星变的日子，就会给大家放假。

唐朝上班是旬休制度，工作的周期长于汉朝，并不是“五日休沐”。十日为一“旬”，每十天的最后一天是假期，所以与我们现在的周末双休不太一样。算下来，当时一个月只能休息三天。

身体发肤，受之父母，不敢有损，所以古代人一般不剪头发，连续工作九天之后，大家的头油可想而知了！不好好清理一下怎么行？古代人的头发洗起来费劲，吹干也费劲。传说唐朝诗人李山甫头发有五尺余，也就是一米六五！他洗头都需要侍女“捧金盘承而梳之”，不然根本梳不通。

唐朝“逢假必休”，春节、冬至、清明三个黄金周休假七天，中秋、夏至休假三天，元宵节、中元节、盂兰盆节、端午节、重阳节、三伏天等都有一天的假日。虽然唐朝平时的休息日并不多，但算上其他的节庆和假日，总共也有百余天。假期的时候大家一般喜欢研究诗词歌赋、绘画书法，还可以饮酒品茶。

中国历史上，假日最多的朝代，应该要属宋朝了。宋朝和唐朝的工作制度一样，都是“旬休”。但宋朝的假期更多，元日、元旦、寒食、天庆、冬至这五个假期，每个都放七天假。除此之外，圣节、上元、中元、夏至、腊月这几个重要的节气放三天假。一共算起来，“旬休”三十六日，公休七十六日，也有一百一十二天呢！再加上遇到一些特殊的天象或是天子的生日，休假的日子就更多了。在宋朝工作，应该是古人觉得幸福指数最高的了。

到了元朝，“打工人”可就没有宋朝那么好过了。元朝延续了唐朝的旬假制度，十天放一次假，把汉人的传统节日减少了一些，“若遇天寿、冬至，各给假贰日；元正、寒食，各三日；七月十五日、十月一日、立春、重午、立秋、重九、每旬，各给假壹日”。这样一算，旬假一共十六天，而节庆假日只有十六天了。到后来，根据中书省的提议，元朝的公休改成了每月五天，比之前稍微多了一些，算下来全年大约有七十多天的假日。

明清时期，旬假制度取消。明朝初期，朱元璋讲究努力工作、勤俭节约，所以节假日减少到只有十八天，总共包括元旦的五天，冬至的三天和元宵节的十天。每月五日有一天的休假。朱元璋薨逝后，月假多了三天。

清朝时期，公休只保留春节、冬至和皇帝的生辰，比起宋朝一年三分之一的时间都在放假，明清时期的“打工人”要辛苦多了！

贰

古人的生活和现代人一样，有吃有喝，当然少不了运动。例如蹴鞠、马球、空竹等游戏，在古代可以说是团建必备，毕竟生命在于运动嘛！

足球在古代被称为“蹴鞠”，这里的“蹴”是用脚踢的意思，而“鞠”代表的是外面是皮、里面是米糠的皮球。“蹴鞠”合在一起，指的就是用脚踢球的活动。早在战国时期，民间就已经有这种“足球”的运动了。大家一起跑跑跳跳，强身健体。

宋朝时期，已经发展出比较完善的蹴鞠组织和蹴鞠艺人，像现在的足球明星一样。到了清朝，还流行起冰上蹴鞠，老祖宗的玩法有各种花样。

进入隆冬腊月之后，冰封的太液池会举办冰嬉运动。在官兵的护送下，皇上会和文武百官一起参加这一年一度的冰嬉盛会。就像是运动会一样，冰球、滑雪、花样滑冰、短道速滑等各种比赛统称为冰嬉，皇上能够现场观看比赛，算是一个非常盛大的现场活动了。

北京故宫博物院里有一幅《冰嬉图》，画的是乾隆欣赏冰嬉的景象。其中，百余名八旗兵组成了冰嬉选手，呈一字排开。他们拿着弓箭，像漩涡一样在冰上列队滑行。滑冰场的中央旗门上面挂着彩球，队员们射中彩球就可以获得冠军。整个比赛过程非常紧张，每个人都身手敏捷，表演着不同的技法。《冰嬉图》反映出我国冰上运动的辉煌过往。

在隋唐时期，“骑木而行”这种滑雪运动在北方就很流行。北方冷，南方暖，所以北方冰嬉，南方戏水。

端午节的时候，南方地区流行赛龙舟。北宋时期张择端所绘的《金明池争标图》，画的就是赛龙舟的场景。江面上划桨的人们正在激烈的比赛中，而观赛的人呐喊助威，场面非常热闹。

除了球类运动、冰上运动和水上运动之外，在我国古代很早就兴起了类似于高尔夫的运动，被称为“捶丸”。这种运动起源自唐朝的对抗性比赛“步打毬（球）”。宋朝时，步打球渐渐取消了球门，用和高尔夫差不多的球穴替代，进球就算得分。因为不再是对抗性的竞赛，名字也变成捶丸。《丸经》里面记录，捶丸需要玩家在空旷的地上画出球基，距离球基七步至百步制作出一些球窝，旁边树立彩旗。玩法和高尔夫差不多，玩家需要用棒击球，球进洞里就算赢。谁用的棒数少或者进球数量多的，就算胜利。

“百马攒蹄近相映”“欢声四合壮士呼”，指的是后来发展出的马上高尔夫，也被称为马球。在唐天宝六年(747年)的时候，唐玄宗曾将马球设置为军队的必修课，人、马、杆必须三者合一，对于配合度和技巧有着极高的要求，可以说是结合了马术、高尔夫、足球这三种贵族运动。

木射这种运动，应该算是最早的保龄球了。木射也被称为“十五柱球”，源于唐朝。陆秉的《木射图》里曾有关于这种运动比赛的记载，木射一般是在室内进行，比赛场地会设立十五个木柱，十个柱子上用红笔写着“仁、义、礼、智、信、温、良、恭、俭、让”，而其余五个柱子上用黑笔写着“慢、傲、佞、贪、滥”。比赛的形式和保龄球很像，只不过当时是用木球撞击木柱，如果红柱子被击中就算是胜，不能击中黑色的柱子，不然要受到惩罚。

“角力”是古代的摔跤运动，主要是比赛双方空手打架，靠武力获胜，算是最原始的一种体力活动，因为不需要借助任何道具或者兵器，需要有技术和快速的反应。

“战罢两奁，收黑白一枰”，指的是围棋这项脑力运动。围棋在古代称为弈，发源于中国，已经有四千多年的历史。先秦典籍《世本》里说：“尧造围棋，教丹朱，丹朱善之。”围棋在哲学中含义颇深，有着一元生两仪、两仪生四象、四象生八卦、天圆地方、十九农节气、三百六十周天之数等意蕴，是锻炼大脑的一项生动有趣的“运动”，至今在全球仍然魅力不减。

“弦张矢发破长空”描写的是射箭这项运动，在两万八千多年前，人类就已经开始使用弓箭了。当时人们用石头磨制成箭头，主要是为了狩猎。春秋战国时期的孔子、荀子、墨子等大家都热爱射箭，也鼓励学生通过射箭锻炼身体。《汉书·艺文志》里记载了各种不同的射箭技法共六十九篇，比如《李将军射法》《魏氏射法》等。

踩高跷是一种民俗，也被当作一种运动。高跷的起源主要是原始氏族的图腾崇拜和沿海渔民的捕鱼生活。孙作云的《说丹朱》里面记载在尧舜时代，以鹤为图腾的丹朱氏族在祭礼时需要模仿鹤的样子，踩着高跷跳舞，甲骨文里面也有近似于踩高跷的象形文字。高跷除了用于祭祀活动，在节日表演里也非常流行，对技术的要求很高，表演起来非常生动有趣。

原始社会的时候，人类因为需要上树觅食，所以发明了“秋千”这种活动。最早的时候，人们称之为“千秋”。传说在春秋年间，北方的山戎民族抓着一根绳子荡来荡去。汉武帝祈祷千秋之寿时，宫女们也是这么在绳子上玩耍。当时为了避讳名字太相似，所以才将“千秋”变成了“秋千”，加上踏板之后玩起来更安全。到了唐宋时期，“绿杨高映画秋千”，秋千更为流行了。

清人高鼎有诗“忙趁东风放纸鸢”。春秋的鲁班“削竹为鹊，成而飞之”，当时就开始流行起放风筝了。中医认为春天放风筝对身体好，因为可以帮助大家呼吸新鲜空气，疏泄内热，吐故纳新，还可以调节身体的机能，对视力也好。

【本章参考文献】

《孟子》《千字文》《颜氏家训》《百家姓》《三字经》《千家诗》《元史》《尚书》《图史》《礼记内则》《白虎通德论》《诗经》《醉翁谈录》《能改斋漫录》《毛诗》《名媛诗纬》《御定内则衍义》《周礼》《午梦堂集》《鹂吹集》《愁言》《存余稿》《返生香》《唐会要》《旧唐书》《丸经》《世本》《汉书》《三国志》《易经》《魏氏春秋》《三国演义》《诸葛亮集》《墨子》《吕氏春秋》《韩非子》《城守》《墨经》《史记》《茶香室四钞》《闲居录》

古代机关术 & 奇门遁甲

在古代误闯密室怎么办？学习一下机关术还有奇门遁甲才是正解！

《易经》《奇门遁甲》这种奇书巨著，记载了各种古人的智慧。

《奇门遁甲》原名是《奇门》，一般是古人用来预测战事，用于兵书阵法之中。民间传说，诸葛亮用奇门创建出八阵图，可以困住十万大军。

《魏氏春秋》里面记载，诸葛连弩是一种“元戎”弩，一次能够射出十支八寸的铁弩箭，在冷兵器的时代具有极大的穿透力，虽然重量和体积不方便携带，但是杀伤力非常强。

《墨子·备城门》里面记载的连弩车，在作战的时候，可以放在城墙上，同时射出六十支大弩箭和无数支小弩箭，需要十个人来操作。十尺的弩箭箭尾是用绳子绑住的，这样还可以回收利用。还有关于藉车的记载，藉车外面主要是铁制成的，还有一半在地下，是可以用来火攻的机器。

墨子动手能力特别强，不仅擅长制造器具，而且在军事方面的研究颇深。他曾用杠杆原理制造桔槔来提水，还做了辘轳、滑车等，用于生产和军事。“墨守”指的就是墨子擅长的守城技术，他的弟子也将他的经验写成了《城守》二十一篇。

墨子的《墨经》里还有很多对于关于物理学的概念，其中他提出了对于机械运动的定义：“动，域徙也。”说机械运动的本质是物体位置的移动，与现在物理学中的定义一模一样。墨子对杠杆原理的应用比阿基米德早了两个世纪。《墨经》里面还有“小孔成像”的实验和几何学的定义，这些对于我国的机关术发展有着深远的影响。

谈到机关术，肯定少不了春秋时期鲁国的能工巧匠鲁班了。楚惠王为了称霸天下，让鲁班发明了云梯。云梯配有防盾、绞车和抓钩。人力将云梯架在城墙上后，钩子可以钩住边缘，是在战争时攻城的必备装备。有的云梯下面还装有轮子，方便推来推去，所以也会被称为“云梯车”。

除了打仗，在生产和平时的生活中，人们也会用到奥妙的机关术。“牵一发而动全身”，体现了古人的智慧和创造力。陵墓中经常会用到机关术，主要是为了防范盗墓之人，通过陷阱来阻止外人入侵，同时也可以防止埋葬在墓穴中的宝藏被别人轻而易举地找到。

陵墓里设有连环翻板陷阱，上面有木板和掩饰物盖着，坑下面有十厘米长的刀剑利器。入侵者踩上木板，木板直接翻转，人生还的可能性非常低。铁索吊石和连环翻板差不多，是在陵墓顶端隐藏着滑轮，在上面吊起来大石头。如果有盗墓者误入，踩中踏板之后就会触发机关，悬石坠落，杀伤力极强。后来有盗墓者为了避开这些机关，会在墓穴里面放入木梯，只要不触碰机关，就可以全身而退。

法自术起，机由心生。机关虽小，却充满不可预期的奇思妙想。但随着人们的破解之法层出不穷，机关也需要推陈出新，与时俱进。

除了连环翻板和悬石，陵墓里还会安装弩箭等器械装置。司马迁的《史记·秦始皇本纪》记载过关于弓弩的故事，当时众人都在寻找长生不老药，在蓬莱遇到了大鲛鲁鱼。秦始皇“乃令入海者赍捕巨鱼具，而自以连弩候大鱼出射之”，可见弓弩的杀伤力非常大。秦始皇陵中也用到了以南山之“柘”之称的弩箭。

这种劲弩一般很难靠人力发出，需要“蹶张”，也就是和脚踏板连到一起才能连发，就算无人操作也可以控制的一种防护线，可以看作是“暗弩”。由于秦始皇陵里陪葬了无数奇珍异宝，所以墓穴里有很多一触即发的机关，稍微不小心，盗墓者就会被射杀。汉朝的陵墓也采取了类似的方法，并且在棺材内还安装了滑轮。只要棺材盖板被掀开，滑轮上连接的绳索就会导致万箭齐发。

总的来说，机关之术非常玄妙，对于现代机械科学研究有着启发。

第三章　批发市场玩具大汇总

古人的玩具琳琅满目。商周时期，有一些陶虎、陶羊、陶龟、陶鱼，这些应该是最早的儿童玩具了。人们还会用“陶响球”做出一种中空的玩具，在其中放入弹丸或者石粒，摇起来有声音，直到汉魏时期都是婴幼儿的最爱。

东汉的王符在《潜夫论》里记载，人们“或作泥车瓦狗、马骑倡排，诸戏弄小儿之具，以巧诈”。此处“戏弄小儿之具”，其实就是玩具，一般是用泥制作而成的。不过王符认为玩玩具奢侈而且不务正业，“此皆无益也”。玩具被他说得一无是处，可见当时并不推崇玩具这种东西。

“玩具”这个词起源于宋朝年间。也是从宋朝开始，玩具逐渐普及，周密《武林旧事》、耐得翁《都城纪胜》与署名“西湖老人”的《西湖繁胜录》，都记载了繁荣的玩具批发市场。

《梦粱录》里面记载：杭州人家给孩子“抓周”，给孩子抓各种东西，看孩子以后会从事什么行业的时候，会摆上“父祖诰敕、金银七宝玩具、文房书籍、道释经卷、秤尺刀剪、升斗戥（děng）子、彩缎花朵、官楮钱陌、女工针线”。这里抓周的玩意儿里面，就有玩具。

《东京梦华录》里说北宋时的东京城里，常有“乐人动鼓乐于空闲，就坊巷引小儿、妇女观看，散糖果子之类，谓之‘卖梅子’，又谓之‘杷街’”，又有走街串巷的小商贩“扑卖冠梳、领抹、头面、衣着、动使、铜铁器皿、衣箱、磁器之类”，叫卖各种玩具，十分热闹。

冬至前夕，东京宣德门的“教车象”，指的是皇家车象仪仗队的表演，像现在的马戏团一样，“游人嬉集，观者如织，卖扑土木粉捏小象儿，并纸画，看人携归，以为献遗”，场面喧哗繁盛，其中的“土木粉捏小象儿”就是一种玩具。台北故宫博物院收藏的南宋李嵩绘制的《观灯图》里，就有这种给孩子玩的小象玩具。孩子们手里还提着元宵节的花灯，这里有兔儿灯、瓜形灯和走马灯。千奇百怪的小东西，深得孩子和大人的喜欢。

南宋时，《武林旧事》《梦粱录》《西湖繁胜录》里写过各种各样的玩具，李嵩绘制的《市担婴戏图》里面也画着各种各样的玩具和卖东西的商贩。这里卖的除了日用商品和瓜果蔬菜之外，最多的就是玩具了。玩具小鸟、鸟笼、拨浪鼓、小竹篓、香包、不倒翁、泥人、小炉灶、小壶、小罐、小碗、六角风车、雉鸡翎、小鼓、纸旗、小花篮、小笊篱、竹笛、竹箫、铃铛、八卦盘、六环刀、竹蛇、面具、小灯笼、鸟形风筝、瓦片风筝、风筝桄、小竹椅、拍板、长柄棒槌、单柄小瓶，还有噗噗噔，这是一种一吹就会响的玻璃哨子。当时的玩具种类极为丰富，宋朝时期的孩童一定很快乐。

宋朝每年的七夕乞巧节，可以算是玩具节了，这一天会上市很多新奇的小玩意儿。《东京梦华录》里面记录过卖玩具的几条街："七月七夕，潘楼街东宋门外瓦子、州西梁门外瓦子、北门外南朱雀门外街，及马行街内，皆卖磨喝乐。"这里的"磨喝乐"是梵文，也被称为摩猴罗、摩候罗、摩睺罗等，有多种称呼和写法，其实就是当时的"芭比娃娃"或者是"盲盒娃娃"，主要在乞巧节这段时间上新，虽然价格不便宜，但是广受欢迎。这种玩具本来是从西域传入中原的，是佛教之物，在唐朝时一般用蜡制作而成。唐代《岁时纪事》里面记录磨喝乐"为妇人宜子之祥，谓之化生"，可见这种娃娃还会被人们用来祈福求子。

金盈之在《醉翁谈录》描述："京师是日多博泥孩儿，端正细腻，京语谓之'摩猴罗'。小大甚不一，价亦不廉。或加饰以男女衣服，有及于华侈者，南人目为巧儿。"同时，《西湖繁胜录》里面也有记载，七夕的杭州"御街扑卖'摩候罗'，多着乾红背心、系青纱裙儿。亦有着背儿、戴帽儿者"。明人田汝成在《西湖游览志》也对宋朝的七巧节有过描述："七夕，市中以土木雕塑孩儿，衣以彩服，号为'摩睺罗'。"

当时的磨喝乐一般使用土木制作而成，身型、头发，包括面目表情都很逼真，有一些内部设有机关，按一下还会动。男女童子一般手执莲花、莲叶。娃娃"戴短檐竹子帽，披金缕小衣"，穿着漂亮的衣服，比普通的泥人要精致许多。

磨喝乐的受众群，上至皇亲国戚，下至黎民百姓，非常广泛。当时的孩子们也特别喜欢模仿磨喝乐的模样，所谓京师"小儿须买新荷叶执之，盖效颦磨喝乐"，就像现在青少年们看动画片会 cosplay（角色扮演）一样。

南宋临安，"市井儿童，手执新荷叶，效'摩睺罗'之状。此东都流传，至今不改"，磨喝乐依旧风靡，连大人们夸孩子可爱的时候，也会说"生得磨喝乐模样"。磨喝乐变成了一个夸奖人的褒义词。

宋朝的乞巧节前夕，除娃娃之外，上新的玩具还有用黄蜡铸成的“牛女人物及凫雁、鸳鸯、鸂鶒（xī chì）、龟鱼莲荷之类，彩绘金缕”，称之为“水上浮”；“以瓜雕刻成花样”的玩具，称为“花瓜”；还有“以绿豆、小豆、小麦，于磁器内，以水浸之，生芽数寸，以红蓝彩缕束之”的玩具，名为“种生”。浙西玩具“皆于街心彩幕帐设出络货卖”，在集市上都能买到。

宋朝的《婴戏图》里也记录了很多儿童玩具，苏汉臣的《秋庭戏婴图》里画着正在“推枣磨”的姐弟俩。推枣磨玩具很好制作，是用削去半边的鲜枣，上面插着三根小木棍立在桌子上，枣核面朝上。同时，拿出来一根细竹篾，两边都插上一枚小枣；将竹篾放在枣核上，一碰就会旋转起来。在画中的姐弟一旁，还放着人马转轮、八宝纹纸格、玳瑁盘、小陀螺、红色佛塔、棋盒和小铙钹。

宋朝人还会买土烧制的“宝塔儿”，像泥娃娃、泥建筑模型也是用陶烧制而成的，被称为“山亭儿”。当时有一个名为《山亭儿》的画本，写过一个“挑着两个土袋，搋着二三百钱”的小商贩，去批发玩具“山亭儿”。《东京梦华录》里面说每逢清明，家人都会带着儿女和玩具去踏青，像“黄胖”这种泥娃娃，“鸭卵、鸡雏”这种泥塑的小鸡，还有山亭儿，反正孩子喜欢的玩具都带上，准没错。

每年五月初五是端午节，流行的玩具是“布老虎”，有单头虎、双头虎、四头虎，还有的做成虎枕、虎套等等。因为端午节开始，蚊虫等毒物都苏醒了，而老虎“性食魑魅”，可以辟邪，所以不仅流行玩具老虎，还流行在脸上画“王”字，假扮老虎。当时老虎的造型一般是“三大一小”：头大、眼大、嘴大，身小。

《武林旧事》记载：“若夫儿戏之物，名什甚多，尤不可悉数，如相银杏、猜糖、吹叫儿、打娇惜、千千车、轮盘儿。”这里的“儿戏之物”也是儿童玩具，而“轮盘儿”是在《秋庭戏婴图》里有的人马转轮，“千千车”是玳瑁盘与小陀螺，“打娇惜”和陀螺差不多，但是需要用鞭子抽打才能旋转。

台北故宫博物院收藏的苏汉臣所绘《冬日戏婴图》中，也画过孩子玩“打娇惜”的场景。在他俩上面，还有一辆玩具小车！床榻上的三个孩子正在看玻璃瓶中的小鱼，当时就已经有玻璃了哦！宋朝范成大曾有诗句“映光鱼隐见”，还自注道：“琉璃壶瓶贮水养鱼，以灯映之。”所以，在宋朝已经流行在透明的玻璃瓶里面养鱼了，还会用灯光点缀，营造好看的氛围和场景。元朝熊梦祥的《析津志》里面也说，当时在大都，小贩子会用“竹拴琉璃小泡，养数小鱼在内，沿街擎卖”。由此推断，用玻璃器皿养鱼的玩具，应该是从宋朝由南方传到北方的。除此之外，当时还流行“以小板上傅土，旋种粟，令其生苗，置小茆（茅）屋花木，作田舍家小小人物，皆村落态，谓之谷板”的手工制作迷你小屋，和现在商品店里卖的非常相似呢。

《东京梦华录》里面说的“戏具”，主要指的是演傩戏时戴的面具。宋朝的木偶戏也被称为“傀儡戏”，当时非常流行。《梦粱录》里面提到“影戏线索、傀儡儿、狮子、猫儿”，演戏用的面具和傀儡，可以通过控制器的提线操作，成了孩子们喜爱的玩具。

《傀儡婴戏图》和《百子嬉春图》里面，都有关于孩子玩提丝傀儡的记录。除此之外，孩子还非常喜欢皮影戏。皮影戏作为宋朝人民非常喜欢的节目，元宵节的时候，东京“每一坊巷口，无乐棚去处，多设小影戏棚子，以防本坊游人小儿相失，以引聚之”，可见对孩童而言，皮影戏非常有吸引力。

还有一种“小鸠车”，像一只小鸟一样，底下有轮子，可以拉着玩。

除了玩玩具之外，孩子们还会“击角球”，和现在的高尔夫或者曲棍球差不多，都是用球棒击打小球。范仲淹的外孙就很喜欢这种游戏，范仲淹曾担心孩子耽误学习，“命取球，令小吏直面以铁槌碎之”，孩子这才不得不去读书。

元朝的《婴戏图》里面绘制过孩子玩滑梯的场景，可见滑梯至少从宋元时期开始，已经是童年必备的游乐设施了；画中还有两名孩子在骑竹马，李白的诗中有记载：“郎骑竹马来，绕床弄青梅。”唐朝的竹马可能相对而言更简陋一些，一般就是一根竹竿，到宋朝的时候，竹马上会加上木制或者纸糊的“马头”，后面再装上两个轮子，玩起来跟真的似的。

明清时期的玩具名为“耍货”，当时的泥塑非常多，像北京、天津、杭州、苏州、无锡这些地方还被称为“泥塑之乡”。当时苏州的玩具市场主要在城北虎丘，所以也有“虎丘耍货”之称，属于外地人带孩子过来都必须打卡的胜地。清朝顾禄在《桐桥倚棹录》记载了虎丘耍货：“虽俱为孩童玩物，然纸泥材木治之皆成形质。盖手艺之巧有迁地不能为良者，外省州县多贩鬻于是，又游人之来虎丘者，亦必买之归悦儿曹，谓之‘土宜’，真名称其实矣。”

当时中秋时节，还流行互赠“兔儿爷”。这是一种泥塑玩具，主要是和嫦娥奔月还有玉兔的传说相关。清朝富察敦崇在《燕京岁时记》里面记载：“每届中秋，市人之巧者用黄土抟成蟾兔之像以出售，谓之兔儿爷。”同时，清代潘荣陛在《帝京岁时纪胜·八月中秋》里面写过“彩兔”：“京师以黄沙土作白玉兔，饰以五彩妆颜，千奇百状，集聚天街月下，市而易之。”

所以，古代小朋友们能玩的东西，真的一点儿也不比现代少！

【本章参考文献】

《潜夫论》《武林旧事》《都城纪胜》《西湖繁胜录》《梦粱录》《东京梦华录》《岁时纪事》《醉翁谈录》《西湖游览志》《橙花馆集》《析津志》《桐桥倚棹录》《燕京岁时记》《帝京岁时纪胜》《艺文类聚》《开元天宝遗事》

秋千的起源

在上古时代就有秋千了，当时主要是为了采摘野果，人们习惯抓住蔓生植物摇摆晃动，后来就有了用绳索和木板制作而成的秋千。

《艺文类聚》里说“北方山戎，寒食日用秋千为戏”，可以看出在春秋时期的我国北方，就有秋千了。为了安全起见，秋千的绳索一般使用兽皮制作而成。荡秋千是我国各个民族都会玩的一种娱乐项目，也算是一种竞技项目。

《荆楚岁时记》记载秋千为“北方山戎之戏，以习轻趫者”，身轻敏捷者，一般荡得比较好。秋千也曾用作军事训练，后来渐渐演变成宫中、闺中女子喜爱的一种娱乐项目。

唐代高无际《汉武帝后庭秋千赋》里记载：“秋千者，千秋也。汉武祈千秋之寿，故后宫多秋千之乐。”可见汉朝时期人们认为荡秋千可以强身健体。

唐朝时，荡秋千也被称为“半仙戏”。五代王仁裕在《开元天宝遗事》里面记录：“天宝宫中，至寒食节，竞竖秋千，令宫嫔辈戏笑以为宴乐。帝呼为半仙之戏，都中市民因而呼之。”

荡秋千一可以“摆疥”医病，二可以“释闺闷”解闷。李清照在《点绛唇·蹴罢秋千》写的就是关于秋千的词。

唐宋之后，荡秋千越来越普及化。杜甫写的“十年蹴鞠将雏远，万里秋千习俗同”，还有刘禹锡写的“秋千争次第，牵拽彩绳斜”，讲的就是秋千的盛行。

作为一项传统娱乐设施，秋千男女皆宜，到宋朝之后还出现了“水秋千”，可以说是把秋千玩出了新花样。

南宋吴自牧的《梦粱录》里面记录，从北宋到南宋，夏天有水秋千的表演，百姓和皇族都会来观看。表演的时候会先在水里准备好两艘大船，有专门的杂耍艺人在上面荡秋千，翻跟头，最后跃入水中，很像现在的杂技表演加上跳水运动，特别厉害！

第四章　如何在古代C位出道

壹

中国的戏曲文化融合了各地的音乐特点，海纳百川，在剧中分为生、旦、净、丑等不同角色，生动形象地将舞蹈和歌唱融为一体。中国不同民族的戏曲共有将近四百种，剧种丰富，包含京剧、昆曲、越剧、豫剧、湘剧、粤剧、秦腔、川剧、评剧、晋剧、汉剧、潮剧、闽剧、祁剧、河北梆子、黄梅戏、湖南花鼓戏等。古时的戏班子有“戏”有“曲”，所以戏曲不分家。宋元南戏、元明杂剧、明清传奇，以及近代的京戏和其他地方戏曲，历史悠久。

古代戏曲文化流传千古，如果让我们追溯其根源的话，就要提到“梨园”了。戏曲界在古代被称为“梨园界”，戏曲的行业则为“梨园行”，演员们被称为“梨园弟子”，而将戏曲作为家族营生的话则称为“梨园世家”，子承父业，比如京剧界比较有名的有梅兰芳先生的梅家和谭鑫培先生的谭家，几代子弟都是名角。

唐玄宗李隆基，“既知音律，又酷爱法曲，选坐部伎子弟三百，教于梨园。声有误者，帝必觉而正之，号皇帝梨园弟子”。他从小就喜欢音乐，六岁时还在祖母武则天的宴席上表演过歌舞。

李隆基继位之后，依旧对戏曲歌舞情有独钟，所以特意把离宫别殿里的梨树园作为皇亲国戚们专门举办宴会、欣赏歌舞的地方。

同时，李隆基还会选择乐师宫女，去梨园学习戏曲表演，这个戏班子应该是古代最大、最专业的戏曲学校了。

当然，我国的戏曲文化并不是在唐朝才得以发展。

先秦时期最早的戏曲像《诗经》里的“颂”，《楚辞》里的“九歌”，都是祭祀的时候会用到的歌舞。

春秋战国到两汉时期，除了祭祀之外，歌舞逐渐变成供人观赏娱乐的项目之一。

两汉到唐朝，戏曲发展得比较快。当时还有“角抵”，也被称之为“百戏”，是竞技类的歌舞，还有表演性质的“参军戏”。除此之外，“踏摇娘”这种生活情景小故事的戏曲也逐渐萌芽。到唐朝中后期，戏剧艺术迅猛发展。

宋朝的“杂剧”，金朝的“院本”，还有讲唱形式的“诸宫调”，音乐、内容和整体框架都比较完整，直接地影响到了元朝的戏曲杂剧文化，“杂剧”是戏曲的一种新的形式。这时我国的戏曲文化也终于发展得比较成熟，在教坊、行院、伶人、乐师及“书会”各方的改良和努力下，戏曲登上了舞台。

元杂剧的情节一般是基于北曲四大套路，用楔子连接在一起，一般的格式被称为“四折一楔”。当然也有例外，比如王实甫的《西厢记》在元杂剧中属于大胆的革新尝试，以多本杂剧连演一个故事，长达五本二十折加五个楔子。

元杂剧结尾的时候需要两句、四句或者八句诗句来总结所有的故事内容，成为“题目正名”。每一折包含曲词、说白和科泛这三部分。曲词也被称为曲文，其实就是歌词，主要讲的是故事情节和人物性格。因为是以戏曲的形式表达出来的，所以押韵比较重要，不然唱起来就不好听了。

说白这种艺术形式就是“说话”，像现在的内心独白和旁白一样，通过语言来表达人物的情感和故事情节的变化。

最后，“科泛”代表的是肢体语言，通过动作和表情来推动故事的发展，就像现在演电影一样，台词功底和演技缺一不可。

一般情况下，一个剧本有一个正末或者一个正旦负责，其他的角色可以有独白，但是不需要唱出来。正末唱的是“末本”，正旦唱的则为“旦本”。

现在流传下来的元杂剧作有一百五十多种，是宝贵的文化遗产，当时很多民间故事也流传了下来。元曲四大家有《窦娥冤》的作者关汉卿，《倩女离魂》的作者郑光祖，《梧桐雨》的作者白朴和《汉宫秋》的作者马致远。这些故事至今还有影视作品的翻拍，可见古人的艺术创作是多么丰富多彩。

关汉卿的《窦娥冤》揭露的是元代社会的黑暗现实，讲的是贪官污吏徇私枉法和童养媳窦娥不幸的一生。

马致远的《汉宫秋》是根据历史事迹改编的“番外”，讲的是王昭君为国牺牲的故事，间接讽刺了统治者的腐败和无能。

王实甫的《西厢记》则以男女爱情为题材，讲的是名门女主角崔莺莺打破封建礼教束缚，追求自由恋爱的故事。剧情从“惊艳”“联吟”到“赖婚”，接着“闹简”“赖简”到“听琴”“佳期”“长亭”等，有喜有悲，有矛盾点也有冲突，表达的是叛逆和对自由恋爱的渴望，愿天下有情人终成眷属。

明清时期，戏曲事业走向繁荣。“传奇”作为宋元时代的南戏的延续，把杂剧和南方曲调结合在一起，源自温州。

南戏和北方杂剧不一样，没有四折或者“一个主角”的规矩，一般情节比较自由，同时故事活泼，一般都是大团圆，主要讲的是民间的生活。

元末明初，传奇开始兴起，一般是较短的戏曲，后来才逐渐出现了唱片。

高明的《琵琶记》就是一个“南戏”过渡到“传奇”的代表作，讲的是民间故事，完整有趣，情节跌宕起伏，被称为“南戏中兴之祖”。

明代中叶的汤显祖也是戏曲大家，其代表作《牡丹亭》讲的是杜丽娘和柳梦梅的故事，主要体现的是打破束缚、追求自由的精神，最后爱情战胜了生死。这样的故事，不管是在古代还是现今社会，都深受观众喜爱。因为故事里有理想，有矛盾，也体现出主人公面对现实接受挑战的勇气。可见不论是什么时期的人，都不喜欢被束缚。

清朝初年，在北京有四大剧种：南昆、北弋、东柳和西梆。据说“有明肇始昆腔，洋洋盈耳，而弋阳、梆子、琴、柳各腔，南北繁会，笙磬同音，歌舞升平，伶工荟萃，莫盛于京华”。

这里，南昆指的是江南昆山地区的昆山腔。北弋代表的是南戏与北曲融合在一起的弋阳腔，流传到北方之后就是京城的京腔。东柳的意思是源自山东的柳子腔，而西梆是西北的梆子腔也就是所谓的秦腔。

清朝时期的戏曲文化包揽了东西南北各方的艺人，种类繁多，“南昆、北弋、东柳、西梆”满足了各个地区人民的艺术追求。

从乾隆年间，京师“六大名班，九城轮转”。京剧和其他北方剧种对江南地区有着较大的影响，同时柳子腔和秦腔的盛行也将不同地区的民俗故事传播开来。所以，戏班子的走动促进了各方的文化交流。

你问我答

中国古典十大悲剧有哪些？

《窦娥冤》/（元）关汉卿

《赵氏孤儿》/（元）纪君祥

《精忠旗》/（明）冯梦龙

《清忠谱》/（清）李玉

《桃花扇》/（清）孔尚任

《汉宫秋》/（元）马致远

《琵琶记》/（明）高明

《娇红记》/（明）孟称舜

《长生殿》/（清）洪昇

《雷峰塔》/（清）方成培

中国古典十大喜剧有哪些?

《救风尘》/（元）关汉卿

《西厢记》/（元）王实甫

《看钱奴》/（元）郑廷玉

《中山狼》/（明）康海

《墙头马上》/（元）白朴

《李逵负荆》/（元）康进之

《幽闺记》/（元）施惠

《绿牡丹》/（明）吴炳

《玉簪记》/（明）高濂

《风筝误》/（清）李渔

世界三大古老的戏剧文化有哪些?

中国戏曲，希腊悲喜剧和印度梵剧。

贰

喜欢娱乐没有错，但是古代有一些统治者玩物丧志，最后给国家和人民带来了灾难或负面的影响。

南唐的李后主热爱诗词，北宋的徽宗喜欢书画，元朝的顺帝机关术高明，他们都是亡国之君，却又有一技之长。只是作为国君，领导能力确实差了一些。

南齐废帝萧宝卷是南齐萧齐王朝的第六任皇帝，死后谥为“东昏侯”，可见人民是多么地讨厌他。他本身是南齐开国皇帝萧道成的侄子，按理说无权继承大业，是靠他的父亲萧鸾杀戮上位的。

萧宝卷继位的时候只有十六岁，能力不太行，唯一感兴趣的就是宫里面的杂技和戏曲，来劝诫他的大臣都被杀了。他并非明君，但侧面促进了中国的艺术发展。

《国语》《庄子》《列子》这些史书里面都有关于古代杂技艺术的记载，其主要是用于娱乐。正月初一过年的时候，宫廷里面都会举办盛大的宴会，杂技也是表演项目之一，来烘托氛围。

杂技里的角抵是两个人角斗；寻幢是缘竿（爬杆）表演；冲狭是一种比较危险的表演，需要演员穿过圆筒，里面都是矛尖，非常危险，寻常人家绝对不能轻易模仿。除此之外，有燕濯，也就是学燕子跳舞；还有弄剑丸，边舞剑边耍球，很像是现在小丑的表演；走长绳索也是一个常见项目，有的时候两个人走一根绳子，还在上面跳舞。

古代的杂技还包括“魔术”，当时被称为“幻术”，主要是通过手速和障眼法来表演。

《南齐书·乐志》里面记录，东晋时有“紫鹿、跂行、鳖食、笮鼠、齐王卷衣、绝倒、五案等伎”，只是大多数都在战乱中失传了。

萧宝卷喜欢杂技表演，利用权力找到了各种失散多年的杂技节目，所以南齐的宫廷杂技总体来说恢复得不错。一些“啄木幢伎”“木马伎”等特殊的表演节目，还是萧宝卷本人创建的。他喜欢在御花园班举办演出，而所有的护卫就是他的观众。萧宝卷动手能力很强，自己还设计和缝制了专属于自己的演出服装：金花玉镜等装饰，尖顶黄色小帽，紧身衣服，红腰带。

萧宝卷力气大，所以很喜欢担幢和角抵，也就是和别人“角斗”，一般人都赢不了他。他发明的“木马伎”是一种傀儡戏，很像是舞狮子一样，需要由两名演员前后配合。木马分为马首、马身这两部分，演员的四条腿就是木马的腿，所以看上去很逼真。马上可以坐一个人，假装是骑手，表演滑稽有趣的故事。

既然喜欢木马，萧宝卷肯定也喜欢真马。他曾经要求乐队半夜吹号角，驯马排练，闹得全城百姓都不得安宁。他骑马的时候还嫌弃皇宫的马场太小，会进城赶走居民，跟军队四处招摇，搞得百姓流离失所。

萧宝卷只爱杂技，不理朝政，也不在乎他人的感受。有一次他逼着手下顶着夏天的烈日和高温在御花园里栽树，晒死了不少人。树死了，他还会去百姓家去抢，见到树木就给挖走，反正是为了自己的快乐不顾一切。

他表演所需要的服饰道具需要各种珍稀的物品，像雄雉毛、鹤氅、白鹭镶等等，还要求把自己的宫殿装饰得富丽堂皇，天天穿金戴银。他频繁征税，给百姓施压，就为了图一时之快。

萧宝卷昏庸无道，最后众叛亲离，十九岁时城破被杀。

【本章参考文献】

《诗经》《楚辞》《西厢记》《窦娥冤》《倩女离魂》《梧桐雨》《汉宫秋》《琵琶记》《牡丹亭》《赵氏孤儿》《精忠旗》《清忠谱》《桃花扇》《娇红记》《长生殿》《雷峰塔》《救风尘》《看钱奴》《中山狼》《墙头马上》《李逵负荆》《幽闺记》《绿牡丹》《玉簪记》《风筝误》《国语》《庄子》《列子》《南齐书》《汉书》《事物纪原》《乐府杂录》

皮影戏 vs 参军戏

皮影戏一般是用兽皮制成的剪影，四肢和头部分开，用线连接起来，通过竹棍来控制，栩栩如生；再通过蜡烛的照射，将剪影倒映在白色幕布上，人物活灵活现，搭配着乐器和唱腔来讲故事。有的时候还需要表演者说、念、打、唱，脚底下还有架子鼓一样的锣鼓。

皮影戏，时而大气凛然，时而柔情婉约，对艺人的技术和唱功有着特别高的要求。很多时候，表演只有一个艺人，所以也被称为“一担挑”的街头艺术。一个演员，能够同时操控一场剧的所有皮影人，不论是表演打架还是言情的剧情，都能够环环相绕、扣人心弦。

《汉书》里记载，汉武帝的爱妃李夫人突然生病离世，汉武帝特别伤心。大臣李少翁有一天出去，阴差阳错地看到有孩子玩玩具的影子，突发奇想，做出了李夫人的“皮影”，通过木杆来控制，仿佛逝去之人的影子又活了过来。晚上，李少翁给汉武帝演了这一出皮影戏，当时汉武帝作诗曰：“似邪非邪，立而望之，偏何姗姗其来迟。”早已热泪盈眶。

宋朝高承《事物纪原》里说：“宋朝仁宗时，市人有能谈三国者，或采其说加缘饰，作影人始为魏吴蜀三分战争之像。”可见当时的皮影戏非常流行。

到清末民初，皮影戏达到了顶峰，各种戏班子四处游走。不论家里发生了什么事情，过节结婚、生孩子过生日，都离不开皮影戏。还衍生出了连本戏，就像现代的连续剧，在庙会上演好几天，特别受欢迎。

除了皮影之外，相声的历史也有几千年了，唐朝时期就有了对口相声。

当时的“参军戏”，也被称为“弄参军”，可以说是双人相声的鼻祖了。参军戏的表演形式以装扮人物，用对白来作答，并配合上表情动作，一个人称为“参军”，相当于是逗哏，机灵有趣；而另一个人名为“苍鹘”，类似于捧哏，稍微憨一些。两个人用说、学、逗、唱的形式来模仿人物讲故事，也会用到歌舞和戏曲的唱法手段来吸引注意，生动而幽默。

“参军戏”有奇闻逸事，也有讽刺现实的鬼故事，薛能在诗《吴姬》里讲“此日杨花初似雪，女儿弦管弄参军”，说的是吴越一带非常流行这种表演形式。

李商隐的《娇儿诗》里面也提到过“忽复学参军，按声唤苍鹘”，连小孩子都喜欢参军戏，它可以说是家喻户晓、老少皆宜。

第五章　在古代做猫奴是怎样一种体验

壹

猫咪有的温柔可爱，有的高冷优雅，在三千六百多年前的埃及，它就已经是家养宠物啦。这里我们来一起看看，中国那些古代“猫奴”的趣事吧。

《说文解字》里说：“猫，狸属。”宋代《尔雅翼》说，猫“共色有似狸者，通谓之狸”。狸是古人对猫的称呼，古代的“猫奴”得叫“狸奴”啦。

贾思勰的《齐民要术》里讲到，魏晋以前大家一般是养狗来抓老鼠，到北魏之后才养猫来防老鼠。到了隋唐的时候，宫廷里甚至有了“狸奴”这种职业，专门养猫，为皇宫防老鼠。

后唐时期有位琼花公主，她有两只猫，一只是白尾黑猫，叫作“昆仑妲己”；一只是白色的花嘴猫，她给这只猫起名为“衔蝉奴”。“衔蝉”在宋朝就成了猫的别称。

到了宋朝，猫咪们就更加受欢迎，不仅会抓老鼠，还会卖萌。《咸淳临安志》里面记载：“都人畜猫，长毛白色者，名狮猫，盖不捕之，猫徒以观美，特见贵爱。”

《梦粱录》里面说：“凡宅舍养猫，则每日有人供鱼鳅。”可爱的宠物猫每天都能吃到鱼肉！这待遇可真不错呢。

南宋的市场里还有专门卖猫咪和宠物用品的店铺，在周密的《武林旧事》里称为“猫市”，和现在的宠物店非常相似，有“猫窝”“猫鱼”这种猫粮，还有“改猫犬”的服务项目，这里指的是猫咪的美容，是不是特别讲究？

古代著名的猫奴之一，有“我与狸猫不出门”的陆游。他的《十一月四日风雨大作》中的第一首诗，写“风卷江湖雨暗村，四山声作海涛翻。溪柴火软蛮毡暖，我与狸奴不出门”，说的就是大冬天抱着小猫咪在被窝里不想出门。陆游的可爱形象是不是跃然纸上？

据不完全统计，《陆游全集校注》里有接近二十首诗词都是和“猫”相关的。组诗作品《赠猫》写到“裹盐迎得小狸奴，尽护山房万卷书。惭愧家贫策勲（勋）薄，寒无毡坐食无鱼”，讲的是家里穷得叮当响的时候，陆游还担心小猫没鱼吃，真的是操碎了铲屎官的心啊！《赠猫》另一首写道：“盐裹聘狸奴，常看戏座隅。时时醉薄荷，夜夜占氍毹。鼠穴功方列，鱼飧赏岂无。仍当立名字，唤作小於菟。”这是陆游用薄荷逗猫后有感而发写的，小於菟的意思是小老虎的可爱版，翻译成现在的话应该是……小“脑斧”（老虎）吧！

陆游还在《剑南诗稿》卷二十八写过《赠粉鼻》：“连夕狸奴磔鼠频，怒髯噀血护残囷。问渠何似朱门里，日饱鱼飧睡锦茵。”想不到吧，陆游的小猫被称为“粉鼻”，名字是不是超级可爱？诗句里的场景也栩栩如生，陆游感叹着自己连饭都没有得吃，猫咪倒是茶饭不愁，真让人又爱又恨。

可见猫是陆游的安慰和依靠，在他“为国忧民空激烈”老无所依、饿肚子的时候，陪在他身边的是小猫咪呢。

宋朝的黄庭坚也很爱猫，他的《乞猫》里说：“夜来鼠辈欺猫死，窥瓮翻盘搅夜眠。闻道狸奴将数子，买鱼穿柳聘衔蝉。”说的是家里闹老鼠的时候，他听说有猫友家的小猫怀孕了，特意买了鱼去接小猫。

《东京梦华录》记载，宋朝开封的集市上“养猫则供猫食并小鱼”。养猫没有猫粮怎么行？因为当时有钱人都流行养猫，所以猫咪的价格也会“通货膨胀”，好看的名猫价格更是不菲。也是因此，《程史·猫牛盗》里面记录了一些偷猫的坏人，先故意把猫毛弄湿，猫咪爱干净、趁其在舔毛的时候，用缸或者桶把猫偷走。

在古代养一只猫跟娶老婆似的，要发出正规的聘书聘礼！陆游在《赠猫》中“裹盐迎得小狸奴”说的就是用盐来“聘猫”一事，当时盐也不便宜啊！而且还要买小鱼来“贿赂”母猫才可以。陆游给小猫咪们起了各种可爱的乳名，可以说是非常资深的猫奴了。

明朝的嘉靖皇帝是个不折不扣的猫奴。他给自己最喜欢的长毛波斯猫起名为“霜眉”，封为“虬龙”，还单独建立了一个“猫儿房”。他二十多年没上朝，可谓是“金屋藏猫”。猫咪跑去哪个后妃门口，嘉靖就去哪里留宿，猫咪比上朝和老婆都重要！霜眉离世的时候，嘉靖给它铸造了一个黄金棺材，举办了隆重的葬礼，要求大臣为其写悼文。

明熹宗也是个铁杆猫奴，把猫当成自己在宫里的孩子，还会给它们封官发工资，非常溺爱了。

清朝陈崇光在《题猫蝶图》写到，猫咪到后期都不怎么抓老鼠了，专门负责卖萌和抓蝴蝶玩。总而言之，不管是现代还是古代，猫咪可爱就足够了，对不对？

聘猫
腊日迎猫以食田鼠，谓迎猫之神而祭之。
——《礼记》
品相
看，是大橘！
人家叫金丝虎！
猫之毛色，以纯黄为上，纯白次之，纯黑又次之。
——《相猫经》
用途
卖萌和抓鼠我都是专业的！
《鼠屡败吾书偶得狸奴捕杀无虚日群鼠几空为赋此诗》
——陆游
除虫
猫于黑暗中，逆循其毛，能出火星者为异，并不生蚤虱。
——《酉阳杂俎》
训练
将一双筷子和猫咪一起带回家，插在院中的土堆上，这样猫咪就知道要去哪里方便了。
绝育
成熟是看透一切的从容。
公猫必阉杀其雄气，化刚为柔，日渐肥善。
——《猫苑》
属性
救救我，救救我！
猫之为兽，其性属火。故善升喜戏，畏雨恶湿，又善惊，皆火义也。
——《物性纂异》
地位
斋饭不重要，有猫就行了。
传说猫是唐三藏从天竺取经时带回来保护佛经的。

贰

猫咪是有灵性的动物，《隋书》的《后妃传》和《外戚传》中有关于“猫鬼”的传说，还有金华猫，据说它们是可以变成人的妖精。

金华为地名，今属浙江，因有美馔金华火腿闻名于世，《坚瓠集》里记载：“说听金华猫畜之三年后，每于中宵，蹲踞屋上，仰口对月，吸其精华，久而成怪。入深山幽谷，朝匿伏，暮出魅人，逢妇则变美男，逢男则变美女。每至人家，先溺于水中，人饮之，则莫见其形。凡遇怪者，来时如人，日久成疾。夜以青衣覆被土，迟明视之，若有毛，必潜约猎徒，牵数犬至家捕猫，剥皮炙肉以食，病者方愈。若男病而获雄，女病而获雌，则不治矣。”

这个故事讲的是，金华猫在中秋节的时候，会在屋顶上吸取月亮的精华，之后就变成了妖精。它白天睡觉，晚上出来可以变形，遇到男人就会变成美女，遇到女人则会变成帅哥。

不管是去谁家，它都会先在饮用水里加入一点自己的尿液。人喝了水后，就看不到金华猫了。被这种猫缠上的人久而久之会生病，需要约专门的“猫猎人”，带上狗来抓猫，给主人吃了就能病除。

但如果是男人生病，抓到的是雄猫，或者女人生病，捕到的是雌猫，就无法痊愈了。府庠张广文的女儿十八岁，因为金华猫怪的原因头发都掉光了，最终是抓到了雄猫，才被治好。

叁

除了猫咪之外，古人的宠物可以说是千奇百态。

春秋时期卫国第十八位国君卫懿公，养的可不是一般的动物，是仙鹤，也就是丹顶鹤！

当时为了给宠物营造出一个自由宽阔的生活环境，卫懿公把皇宫改造成了适合仙鹤居住的环境，还按照它们的品质和体姿，封为不同官阶，和人民一样可以享受国家福利，还能够与他一同乘坐龙辇。

由于卫懿公不管国家大事，卫国人心惶惶，最后被北方游牧民族打败。

东晋王羲之曾有“以书换鹅”的故事。

传说，山阴有一名道士，想要王羲之手书的《黄庭经》，得知他喜欢鹅，所以想出了一个方法。道士特意养了品种特别好的白鹅，每天在王羲之出去玩的地方和王羲之假装偶遇。王羲之看中了道士的鹅，想要买，道士却说这鹅不要钱，只要王羲之手抄一整套《黄庭经》即可，因而后来王羲之写的这套《黄庭经》也被称为《换鹅帖》。

唐武帝喜欢给宠物起绰号，九皋处士是鹤，玄素先生是白鸥，长鸣都尉是鸡，灵寿子是龟，猩猩奴是猴，守门使是犬，长耳公是驴，鼠将是猫，茸客是鹿，辩哥是鹦鹉，这些动物的名字听着也太文艺啦。

“太宗怀鹞”的典故讲的是李世民喜欢一只进贡的鹞子，怕魏征说他，所以有一天看到魏征进来，马上把鹞子藏在怀里，但是魏征还是说了一大串关于玩物丧志的大道理。结果等魏征走的时候，鹞子竟被闷死了。

唐朝还流行养鹦鹉，尤其适合女孩子，可以和它说话解闷。但是如果鹦鹉一不小心把你的秘密说出来可就不好了！唐朝诗人朱庆馀的《宫词》说：“寂寂花时闭院门，美人相并立琼轩。含情欲说宫中事，鹦鹉前头不敢言。”可见在鹦鹉面前，也不是什么都可以说的，毕竟人家会学舌，是个“大嘴巴”！

元朝末代皇帝元顺帝偏爱大象，大象特别聪明，还会跪拜起舞。《尧山堂外纪》里说，元朝灭亡之后，朱元璋将顺帝的大象运送到南京，“一日，上设宴使象舞，象伏不起，杀之”。这大象比人还忠诚，朱元璋做了一块“危不如象”，一块“素不如象”的木牌，“送”给了元朝降臣危素。

北齐后主高纬是个贪恋玩物和美色的昏君，他还给宠物封过官。比如他的狗、马、鹰、鸡被封为仪同、郡君、开府等官衔，还能穿官服和上朝，每只宠物都有自己的府邸，当真是“众生平等”啊！

唐昭宗李晔最爱猴子，还“赐以绯袍，号孙供奉”。要知道，唐朝大红色的官服是给五品以上的朝廷命官，所以一直没考中进士的书生罗隐曾写了首诗《感弄猴人赐朱绂》，说自己连猴子都不如。“十二三年就试期，五湖烟月奈相违。何如买取猢孙弄，一笑君王便着绯。”

明宣宗偏好养蟋蟀，人称“蛐蛐皇帝”，当时不论是宫中还是民间，都流行斗蛐蛐。《促织》的故事讲的就是朱瞻基斗蟋蟀，为了博其欢心，各个地区都需要进贡最好的蟋蟀，导致有人“卖妻卖儿买蟋蟀”，人民苦不堪言。

【本章参考文献】

《说文解字》《尔雅翼》《齐民要术》《咸淳临安志》《梦粱录》《武林旧事》《陆游全集校注》《剑南诗稿》《本草衍义》《东京梦华录》《桯史》《酉阳杂俎》《崇正辟谬通书》《猫苑》《猫乘》《物性纂异》《埤雅》《识小录》《行厨集》《隋书》《坚瓠集》《尧山堂外纪》《战国策》《晋书》《搜神记》《太平广记》《义犬》

狗的奇闻逸事

《敏求机要》记载，春节时期的初一到初八是很多动物的生辰，可卜灾祥："一鸡，二狗，三猪，四羊，五牛，六马，七日人当，八日为谷。"大年初二是"狗日"，到初七才是"人日"，因为根据女娲造人的传说，她先创造了鸡狗猪羊这些动物，第七天才创造了人。

狗是人类的好伙伴，不论是狩猎还是看家的本领，可都是一流的。

《战国策》里面说："跖之狗吠尧，非贵跖而贱尧也，狗固吠非其主也。"可见狗是一个非常敏感的"警报器"，不管对方是尧是舜，是仙是神，反正陌生人来了都会叫。

狗的忠诚度极高，能够很好地给人类安全感。杜甫有一天回到草堂，老狗特别开心地蹭他的脚，他不禁有感而发：“旧犬喜我归，低徊入衣裾。”李白冬天回家时，老狗也是一样兴奋：“白犬离村吠，苍苔壁上生。”

关于狗的故事也有不少。《晋书》里面说，吴人陆机曾让老狗黄耳寄过家书：“以竹筩盛之而系其颈，犬寻路南走，遂至其家，得报还洛。”老狗还真的记得回家的路。

《搜神记》里面写过一个三国时期的故事。有一只名为“黑龙”的狗，它的主人喝醉睡着后，周围着火了，黑龙拼命拖拽他，可主人不醒，黑龙只能去小溪旁，用自己的身体浸满水，再跑过来洒水救火，反反复复，最后“运水困乏，致毙于侧”。

这个故事后来传到了太守的耳朵里，他不禁赞叹：“犬之报恩，甚于人。人不知恩，岂如犬乎！”

据说狗可以招桃花，帮助少女觅得良人。《太平广记》里面说，汉朝有一个叫作黄原的人，有一天去打猎的时候，跟着一条黑狗来到洞穴前，里面有一群“姿容妍媚”的女子。

唐朝的少女也特别流行养小型观赏犬作宠物。周昉的《簪花仕女图》里面就画着仕女们逗狗的场景，这种拂菻狗，名为“猧（wō）子”，是从西域引进的特别品种，非常罕见。

唐朝段成式的《酉阳杂俎》写过一件有趣的事情，有一次唐玄宗下棋的时候差点儿就输了，这时杨贵妃的爱犬“唐国子”跳了上去，直接毁了整盘棋局，特别给面子。

苏轼的“左牵黄，右擎苍，锦帽貂裘，千骑卷平冈”，牵的也是黄狗子，宋朝的宠物市场里除了猫咪，必须得有可爱的狗子啊！

宋人说：“禽畜之贤，则有义犬、义乌、义鹰、义鹘。”蒲松龄也写过两篇《义犬》，可见古人非常敬重狗狗。

雍正皇帝的爱宠也是狗，一只名为“造化”，一只名为“百福”。他曾为狗专门制作衣服和狗屋，怕狗狗的冬装不够暖和，还会自己去检查衣服的细节和扣子是不是紧实。日理万机的工作狂为了狗狗，也是展现出了自己温柔的一面。

不管选择养什么宠物，是为了解闷还是陪伴，都得像对待自己的亲人一样，一定要对人家负责到底哦！